이모티콘 스티커
고사성어

잘라서 사용하세요.

© 몽구, 곤론

			감언이설
 개과천선	 군계일학	 다다익선	 다재다능
 당랑거철	 동병상련	 동상이몽	 명불허전
 반신반의	불원천리	 산전수전	 설상가상
 소탐대실	 시시비비	 어부지리	 역지사지
 외유내강	 용두사미	 유구무언	 자포자기
 작심삼일	 토사구팽	 형설지공	 호시탐탐

들어가며

　가성비나 인싸, 기러기 아빠와 같은 단어들은 유행어로 시작했어요. 이제 이 단어들은 없으면 대화가 답답할 정도로 사회에 깊이 자리 잡았답니다. 이런 말들은 어떻게 우리를 사로잡았을까요? 바로 어떠한 상황에 딱 들어맞게 잘 표현했기 때문이에요. 싼 가격에 품질이 좋은 물건을 발견했을 때 "이거 정말 가성비가 좋다!"를 대신할 말이 쉽게 떠오르지 않잖아요?

　고사성어는 옛날부터 전해져 내려오는 말이에요. 오랜 시간이 지났어도 여전히 활발하게 쓰인다는 것은 그만큼 상황을 알맞게 표현한 말이라는 뜻이기도 해요. 감언이설이나 대기만성 또는 삼고초려나 우왕좌왕 등의 말들이 대표적이지요. 물론 처음 들어 봤다고 해도 괜찮아요. 그만큼 생활에 녹아 있는 표현이라는 뜻이니까요.

　"꼭 알아야 하는 이유를 모르겠어요. 이런 말들을 몰라도 잘만 대화하는걸요?"

　맞아요. 모른다고 해도 글을 쓰거나 이야기하는 데 전혀 문제가 없어요. 그림을 그릴 때 많은 색의 물감이 필요하지 않은 것처럼요. 검은색이나 빨간색, 초록색 정도만 있어도 어떻게든 그림을 그릴 수 있으니까요. 하지만 쓸 수 있는 색이 많아진다면 어떨까요? 더 근사한 그림을 그릴 수 있겠지요?

　고사성어를 알아 두는 이유도 마찬가지예요. 많은 단어를 알고 있으면 그만큼 풍부하게 표현할 수 있어요. 더불어 "이런 말도 알아? 정말 대단한걸?"이라는 칭찬도 들을 수 있으니 그야말로 일석이조 아닌가요?

　지금까지 '이런 이유에서 고사성어를 배워야 하는 건 알겠는데 어렵고 지루할 것 같아.'라고 생각했나요? 걱정하지 말아요. 이 책에 나오는 귀엽고 개성 있는 주인공 네 친구가 여러분을 도와줄 테니까요. 이 친구들이 주거니 받거니 나누는 재미있는 톡과 귀여운 이모티콘을 보면 어느새 여러 표현이 머릿속에 들어와 있을 거예요. 자, 지금부터 어떤 고사성어와 사자성어가 어떤 이모티콘들로 우리를 기다리고 있는지 살펴보자고요!

차례

- 들어가며 4
- 나오는 친구들 9

1 옛이야기를 바탕으로 하는 고사성어

가정맹어호 12	대기만성 42
감언이설 14	동병상련 44
개과천선 16	동상이몽 46
결초보은 18	마이동풍 48
경거망동 20	명불허전 50
고진감래 22	문전성시 52
과유불급 24	반신반의 54
구사일생 26	백발백중 56
군계일학 28	불원천리 58
권선징악 30	산전수전 60
금상첨화 32	삼고초려 62
노심초사 34	새옹지마 64
다다익선 36	선견지명 66
다재다능 38	설상가상 68
당랑거철 40	소탐대실 70

시시비비 72	자포자기 108
신출귀몰 74	작심삼일 110
십시일반 76	적반하장 112
안하무인 78	전전긍긍 114
어부지리 80	전화위복 116
역지사지 82	조삼모사 118
오매불망 84	죽마고우 120
외유내강 86	지피지기 122
용두사미 88	천고마비 124
우이독경 90	청천벽력 126
유구무언 92	토사구팽 128
유유상종 94	파죽지세 130
의기양양 96	형설지공 132
인과응보 98	호시탐탐 134
일석이조 100	화룡점정 136
일취월장 102	
임기응변 104	
자업자득 106	

② 네 글자로 이루어진 사자성어

- 각양각색 140
- 갑론을박 142
- 견원지간 144
- 기고만장 146
- 다사다난 148
- 독불장군 150
- 동고동락 152
- 동문서답 154
- 막상막하 156
- 만사형통 158
- 무용지물 160
- 박장대소 162
- 박학다식 164
- 배은망덕 166
- 비몽사몽 168
- 비일비재 170
- 사리사욕 172
- 생면부지 174
- 속수무책 176
- 시기상조 178
- 시종일관 180
- 심사숙고 182
- 십중팔구 184
- 아전인수 186
- 애지중지 188
- 엄동설한 190
- 우왕좌왕 192
- 우유부단 194
- 이구동성 196
- 이실직고 198
- 인지상정 200
- 일편단심 202
- 자화자찬 204
- 청렴결백 206
- 칠전팔기 208
- 풍비박산 210
- 희로애락 212

■ 유의어 및 반의어 뜻풀이 214

나오는 친구들

래비
"오늘은 어떤 장난을 쳐 볼까?"

하루도 조용히 지나가는 날이 없는 사고뭉치 장난꾸러기. 그래서인지 자기 꾀에 자기가 넘어가는 일이 더 많다.

몽스
"많이 먹기로는 누구에게도 지지 않아!"

귀여운 먹보. 엉덩이 춤을 잘 춘다고 소문이 자자하다. 래비와 바바의 장난에 당할 때가 많지만 제대로 화나면 무섭다는데?

바바
"운동하거나 노는 게 제일 좋아♥"

축구를 좋아하는 호기심쟁이. 승부에 욕심이 많아서 종종 블루에게 도전하지만 매번 진다나 어쩐다나?

블루
"다들 왜 공부를 싫어할까?"

공부도 잘하고 운동도 잘하고 심지어 악기 연주도 잘하는 팔방미인. 가끔 보여 주는 엉뚱한 모습은 과연?

"옛이야기를 바탕으로 하는"

고사성어

* 1장에서 소개하는 고사성어들의 유래들은 가장 널리 알려진 유래들로 소개하고 있습니다.

가정맹어호 苛政猛於虎

苛 가혹할 가　政 정사 정　猛 사나울 맹　於 어조사 어　虎 범 호

가혹한 정치는 호랑이보다 무섭다.

크크크, 백성들한테 더 많은 돈을 걷어야지!

언제 쓰일까?

학교 회장이 친구들의 의견을 무시하고 제 마음대로 한다면 학교에 가기가 정말 싫겠지요? 회장은 친구들을 위해 봉사하는 자리인데 말이에요. 가정맹어호는 인정 없는 정치가 얼마나 무서운지 알려 주는 말이에요.

한자 성어 더 보기

유의어	가렴주구(苛斂誅求)
반의어	태평성대(太平聖代)

부패에 관한 한자 성어

- **부정부패**(不正腐敗) : 바르지 못하고 타락하다.
- **탐관오리**(貪官汚吏) : 자신의 욕심만 채우는 못된 관리.

가정맹어호 이야기

마을을 지나가다 우는 여인을 본 공자가 제자에게 무슨 일인지 알아보라고 했어요. "아버지가 호랑이에게 잡혀가더니 남편도 잡혀갔습니다. 끝내 아들도 잡혀갔지요." 여인의 대답에 제자는 왜 마을을 떠나지 않느냐고 물었어요. 여인은 이곳에 호랑이는 있을지언정 지독한 정치는 없기 때문이라고 대답했어요. 돌아온 제자는 공자에게 여인의 이야기를 전했어요. 공자는 슬픈 얼굴로 이렇게 말했답니다. "가혹한 정치는 호랑이보다 무서움을 명심해라."

감언이설 甘言利說

甘 달 감 言 말씀 언 利 이로울 이 說 말씀 설

달콤한 말로 다른 사람을 꾀다.

달 감(甘)은 입 안에 맛있는 음식이 있는 모습을 보고 만든 글자야.

언제 쓰일까?

그냥 거짓말에도 속아 넘어가는데 달콤한 거짓말은 어련할까요? 친구가 청소를 도와주면 과자를 준다고 해서 열심히 청소했어요. 그런데 거짓말이라지 뭐예요? 감언이설에 속았네. 속았어!

한자 성어 더 보기

유의어	교언영색(巧言令色), 면종복배(面從腹背)
반의어	양약고구(良藥苦口), 충언역이(忠言逆耳)

소문에 관한 한자 성어

- **가담항설**(街談巷說) : 길거리에 떠도는 근거 없는 소문.
- **허망지설**(虛妄之說) : 믿음이 가지 않는 말.

감언이설 이야기

당나라 현종 때, '이임보'라는 사람이 있었어요. 그는 학식이 풍부한 사람도, 충성심이 깊은 사람도 아니었어요. 그는 자신보다 뛰어난 사람이 나타나면 계략을 꾸며 없애 버리곤 했어요. 그럼에도 그가 높은 벼슬을 차지했던 이유는 뛰어난 처세술 덕분이었답니다. 이임보는 듣기 좋은 달콤한 말로 현종의 비위를 잘 맞추었어요. 현종은 이임보의 말에 속아 간신들만 곁에 두었다가 뒤늦게 잘못을 깨달았지요. 감언이설은 여기에서 나온 말이에요. 여러분도 듣기 좋은 말만을 내세워 꾀는 사람을 조심해야 해요.

개과천선 改過遷善

改 고칠 개　過 지날 과　遷 옮길 천　善 착할 선

과거의 잘못을 고치고 착한 사람이 되다.

개과천선의 개는 멍멍이가 아니라 '고칠 개'야!

나쁜 버릇은 노력하면 고칠 수 있어.

언제 쓰일까?

언제나 지각을 일삼던 친구가 일찍 등교하기 시작한다면 참 대견하겠지요? 이렇게 자신의 잘못을 뉘우치고 고친 사람을 보고 개과천선했다고 해요.

한자 성어 더 보기

유의어	개과자신(改過自新), 회과천선(悔過遷善)
반의어	자과부지(自過不知)

잘못에 관한 한자 성어

- **자작지얼**(自作之孼) : 제 잘못으로 생긴 재앙.
- **호질기의**(護疾忌醫) : 충고를 꺼려 잘못을 숨기다.

개과천선 이야기

진나라의 주처는 툭하면 사람을 괴롭히는 불량아였어요. 그가 나타나면 마을 사람들이 자리를 피할 정도였지요. 어느 날 주처는 도망가는 사람들을 보며 새사람이 되어야겠다고 생각했어요. 그래서 사람들에게 골칫거리인 호랑이와 다리 아래 사는 용을 물리쳤어요. 사람들은 여전히 주처를 싫어했지요. 크게 실망한 주처는 존경받는 학자 육기를 찾아가 하소연했어요.
"나쁜 일을 많이 한 제가 새사람이 되기에는 늦은 걸까요?"
"늦었다고 생각할 때가 가장 빠른 때라네. 계속 노력하면 모두 알아줄 걸세."
이후 계속 이웃을 도우며 학문을 갈고닦던 주처는 존경받는 학자가 되었답니다.

결초보은 結草報恩

結 맺을 결　草 풀 초　報 갚을 보　恩 은혜 은

감사함을 죽어서도 기억하다.

"풀을 묶어서 은혜를 갚는다"라는 뜻이야.

언제 쓰일까?

누군가에게 도움을 받은 적 있나요? 다리를 다쳤을 때 친구가 가방을 대신 들어 준 경험처럼요. 이때의 고마움은 이루 말할 수 없지요. 결초보은은 아주 고마운 상황에서 쓸 수 있는 표현이에요.

한자 성어 더 보기

유의어	각골난망(刻骨難忘), 백골난망(白骨難忘)
반의어	배은망덕(背恩忘德), 이덕보원(以德報怨)

은혜에 관한 한자 성어

- **반포보은**(反哺報恩) : 부모님의 은혜에 보답하다.

결초보은 이야기

진나라의 위무자가 큰 병에 걸렸어요. 위무자는 아들을 불러 자신이 죽거든 새어머니를 시집보내라고 했어요. 시간이 지나고 위무자의 병이 깊어졌어요. 위무자는 다시 아들을 불러 자신이 죽으면 새어머니를 함께 묻어 달라고 말했어요. 얼마 뒤, 위무자가 죽자 아들은 깊은 고민에 빠졌어요.
"그래. 아버지가 정신이 온전했을 때 하신 말을 따르자."
그렇게 아들은 새어머니를 좋은 집에 시집보냈어요. 얼마 뒤, 벌어진 전쟁에 아들이 참가했어요. 그런데 달려오는 적들의 말이 갑자기 넘어지지 않겠어요? 그 덕에 아들은 전쟁에서 승리했어요. 그날 저녁, 아들의 꿈에 한 노인이 나타났어요.
"나는 당신이 시집보낸 새어머니의 아버지요. 그대에게 입은 은혜를 갚으려 말들이 지나는 곳에 풀을 묶어 적들을 넘어지게 했다오. 정말 고맙소."

경거망동 輕擧妄動

輕 가벼울 경 擧 들 거 妄 망령될 망 動 움직일 동

생각 없이 가볍게 행동하다.

"경솔하다."는 말이나 행동이 조심성 없이 가볍다는 뜻이야.

언제 쓰일까?

뒷일을 생각하지 않고 섣불리 움직였다가는 코다칠 수 있어요. 물청소를 막 끝낸 복도에서 빠르게 달리다가 벌렁 미끄러져 넘어지듯 말이에요.

한자 성어 더 보기

| 유의어 | 방약무인(傍若無人), 천방지축(天方地軸) |
| 반의어 | 소심익익(小心翼翼) |

잘못된 행동에 관한 한자 성어

- **교각살우**(矯角殺牛) : 작은 흠을 바로잡으려다 큰일을 망치다.
- **망양보뢰**(亡羊補牢) : 일이 벌어진 다음에 막으려 하다.

경거망동으로 잃은 거위

어떤 농장에 날마다 한 번씩 황금 알을 낳는 거위가 있었어요. 주인은 정성껏 거위를 보살폈지요. 어느 날, 주인의 머릿속에 한 가지 생각이 떠올랐어요.

'날마다 황금 알을 낳는 것을 보니 거위의 배 속에는 어마어마하게 많은 황금이 있겠지?'

주인은 기대에 차서 거위의 배를 갈랐어요. 예상과 달리 거위의 배는 텅텅 비어 있지 않겠어요? 그제야 주인은 욕심에 눈이 멀어 경거망동했다는 사실을 깨달았어요.

"아이고, 거위 배를 괜히 갈랐구나! 가르지 않았다면 황금 알을 날마다 얻을 수 있었을 텐데……."

고진감래 苦盡甘來

苦 쓸 고　盡 다할 진　甘 달 감　來 올 래

고생 끝에 좋은 결과를 얻다.

쥐구멍에도 볕들 날이 온다고 했어! 빛을 볼 날을 생각하니 의욕이 생겨!

언제 쓰일까?

여러분의 꿈은 무엇인가요? 의사·파일럿·가수·화가·운동선수 모두 멋있는 꿈이네요. 그렇다면 여러분의 꿈을 이루기 위해 노력을 멈추지 마세요. 고진감래처럼 여러분의 꿈에 도달할 수 있을 테니까요.

한자 성어 더 보기

유의어	우과천청(雨過天晴)
반의어	흥진비래(興盡悲來)

노력에 관한 한자 성어

- 각곡유목(刻鵠類鶩) : 노력하면 작은 성과라도 이룬다.
- 괄목상대(刮目相對) : 타인의 재주가 크게 좋아지다.

고진감래 이야기

먼 옛날, 가난한 농부가 살고 있었어요. 이 농부는 너무 가난해서 필기구나 책을 사지 못해 공부는 꿈도 꾸지 못했지요. 농부는 자신의 상황에도 공부를 포기하지 않았어요. 숯을 연필로 삼고 나뭇잎을 종이로 삼아 열심히 공부했답니다. 이렇게 노력한 농부는 마침내 크게 성공했어요. 그가 바로 중국 문학에서 이름을 빼놓지 않는 학자 '도종의'라는 사람이에요. 고진감래는 그의 이야기에서 나왔답니다.

과유불급 過猶不及

過 지날 과 猶 오히려 유 不 아닐 불 及 미칠 급

지나친 것은 모자란 것과 같다.

뭐든 적당한 것이 좋아!

언제 쓰일까?

너무 지나치면 모자란 것보다 못할 때가 있어요. 과유불급은 이럴 때 쓰는 말이에요. 운동이 아무리 몸에 좋다고 해도 하루에 다섯 시간씩 하는 건 무리예요. 넘치는 열정도 좋지만 내일을 생각해서 적당히 하자고요.

한자 성어 더 보기

유의어 교각살우(矯角殺牛), 교왕과직(矯枉過直)

욕심에 관한 한자 성어
- 견물생심(見物生心) : 물건을 보면 갖고 싶은 마음이 생기다.
- 무염지욕(無厭之慾) : 만족할 줄 모르는 욕심.

> 과유불급 이야기

어느 날, 자공이 공자를 찾아와 말했어요.
"자장과 자하 두 사람 가운데 누가 더 현명합니까?"
하늘을 보며 곰곰이 생각하던 공자는 차분한 목소리로 말했어요.
"자장은 지나친 면이 있고 자하는 모자란 면이 있다."
그 말을 들은 자공은 "자장이 더 낫다는 말씀이십니까?"라고 다시 한번 물었어요.
공자는 고개를 저으며 대답했답니다.
"지나친 것은 모자란 것과 같은 법이라네."

구사일생 九死一生

九 아홉 구 死 죽을 사 一 한 일 生 날 생

죽을 고비를 넘기고 살아남다.

아홉 번 죽을 뻔했다는 뜻이야.

호랑이굴

언제 쓰일까?

친구가 축구를 하다가 세게 찬 공이 내 머리 옆을 스치고 날아갔어요. 여러분은 이렇게 말하겠지요? "어휴, 구사일생이네. 하마터면 죽을 뻔했어."
구사일생은 큰 화를 입을 뻔한 상황을 간신히 넘겼다는 뜻이에요.

한자 성어 더 보기

유의어	기사회생(起死回生), 십생구사(十生九死)
반의어	안여반석(安如磐石), 안여태산(安如泰山)

구사일생 이야기

진나라는 초나라 왕을 속여 나라를 빼앗으려고 기회를 엿보았어요. 이를 눈치챈 초나라의 신하 굴원은 왕에게 속으면 안 된다고 조언했어요. 하지만 왕은 듣기 싫은 소리에 크게 화내며 굴원을 먼 곳으로 쫓아냈어요. 사람들은 그를 보고 안타까워했지만 굴원은 떳떳하게 행동하며 이렇게 말했어요.

"비록 구사무일생한다고 해도, 후회할 일은 하지 않을 것이다."

이 이야기에서 구사무일생(九死無一生)은 "아홉 번 죽는다."라는 뜻으로 쓰였어요. 시간이 지나고 구사무일생은 "죽을 뻔한 위기를 간신히 넘겼다."라는 뜻의 구사일생으로 바뀌었답니다.

군계일학 群鷄一鶴

群 무리 군　鷄 닭 계　一 한 일　鶴 학 학

많은 사람 가운데 가장 뛰어난 사람.

여러 마리 닭 가운데 한 마리의 학이라는 뜻!

언제 쓰일까?

반에는 그림을 잘 그리는 친구도 있고 운동을 잘하는 친구도 있어요. 이렇게 재능이 뛰어난 친구들은 어디에서나 두드러지기 마련이지요. 닭 사이에 있는 한 마리 학처럼요.

한자 성어 더 보기

유의어	계군고학(鷄群孤鶴), 백미(白眉)
반의어	인중지말(人中之末)

새에 관한 한자 성어

- **구거작소**(鳩居鵲巢) : 남의 집을 빌려 살다.
- **오비이락**(烏飛梨落) : 상관없는 일이 같이 일어나 억울하게 의심을 사다.

군계일학 이야기

위·진 시대에 '혜소'라는 청년이 살았어요. 혜소는 아버지가 누명을 쓰고 죽었지만 똑똑하고 의젓하게 자랐어요. 어느 날, 아버지의 친구인 산도가 황제에게 누구보다 지혜롭다며 혜소를 칭찬했어요. 그 말을 들은 황제는 혜소에게 높은 벼슬을 내렸어요. 며칠 뒤, 사람들은 황제를 만나기 위해 궁으로 향하던 혜소를 보고 이렇게 말했답니다.
"사람들 틈에 있는 혜소의 당당한 모습이 닭 사이에서 고고하게 있는 한 마리 학 같구나!"

권선징악 勸善懲惡

勸 권할 권 **善** 착할 선 **懲** 징계할 징 **惡** 악할 악

착한 일을 권하고 나쁜 일은 벌한다.

《흥부와 놀부》는 권선징악이 주제야.

언제 쓰일까?

권선징악은 착한 사람은 상을 받고 나쁜 사람은 벌을 받는다는 뜻이에요. 권선징악으로 끝나는 동화로《흥부와 놀부》,《콩쥐 팥쥐》등이 있어요.

한자 성어 더 보기

유의어	사필귀정(事必歸正), 인과응보(因果應報) 자업자득(自業自得), 종두득두(種豆得豆)

악에 관한 한자 성어

- 이혈세혈(以血洗血) : 피를 피로 씻듯 악을 악으로 갚다.
- 흉악무도(凶惡無道) : 성질이 거칠고 사납다.

권선징악 이야기

《춘추좌씨전》은 중국 최초로 춘추 전국 시대의 역사를 시대 순서에 따라 쓴 책이에요. 이 책에 이런 말이 나와요.

"춘추 전국 시대의 호칭은 어려운 듯하면서도 쉽고 쉬운 듯하면서 뜻이 깊으며 노골적인 표현을 쓰는 듯하지만 품위가 있으며 악을 벌하면서도 선을 권한다(勸善懲惡). 성인이 아니고서야 어찌 이렇게 지을 수 있겠는가?"

권선징악은 여기에서 유래한 말이랍니다.

금상첨화 錦上添花

錦 비단 금　上 윗 상　添 더할 첨　花 꽃 화

좋은 것 위에 좋은 것을 더하다.

비단 위에 꽃을 더한다는 뜻이야.

언제 쓰일까?

겨울에 눈썰매를 탄 뒤에 마시는 따뜻한 코코아는 정말 맛있지요? 즐거운 눈썰매에 추운 몸을 녹여 주는 달콤한 코코아라니! 좋은 것 옆에 좋은 것이라고 그야말로 금상첨화네요.

한자 성어 더 보기

유의어	여호첨익(如虎添翼)
반의어	병상첨병(病上添病), 설상가상(雪上加霜), 전호후랑(前虎後狼)

비단에 관한 한자 성어
- **금수강산**(錦繡江山) : 비단에 수를 놓은 듯 아름다운 산천.
- **금심수구**(錦心繡口) : 글을 짓는 재주가 뛰어난 사람.

금상첨화 이야기

금상첨화는 북송의 시인 왕안석이 지은 시 〈즉사(卽事)〉에서 나온 말이에요.

강은 남쪽 정원으로 흐르고 기슭은 서쪽으로 기우는데
바람에는 수정 같은 빛이 있고 이슬에는 꽃과 같은 화려함이 있네.
문 앞의 버드나무는 옛날 도령의 집이요, 우물가의 오동나무는 옛날 귀족 가문이라.
좋은 모임에서 맑은 술을 비우려 하는데
흥겨운 노래는 비단 위에 꽃을 더하는 듯하네(錦上添花).
무릉도원의 술과 안주의 손님이 되니 냇물에는 미처 노을이 붉지 않네.

노심초사 勞心焦思

勞 일할 노 心 마음 심 焦 탈 초 思 생각 사

몹시 마음을 쓰며 애태우다.

면접 시험장

긴장하면 심장이 빠르게 뛰고 식은땀이 나.

언제 쓰일까?

마음 쓰이는 일이 생기면 긴장하기 마련이에요. 하루 내내 그 일만 생각하고 애를 태우기도 해요. 이렇게 온 신경을 쓰며 긴장하는 모습을 노심초사라고 해요.

한자 성어 더 보기

유의어	경경불매(耿耿不寐), 전전긍긍(戰戰兢兢), 전전반측(輾轉反側)
반의어	태연자약(泰然自若)

걱정에 관한 한자 성어

- **만수우환**(萬愁憂患) : 온갖 시름과 걱정.
- **유비무환**(有備無患) : 잘 준비하면 걱정할 것이 없다.

노심초사 이야기

노심초사는 중국 한나라의 사마천이 쓴 《사기》에서 하나라 임금들의 역사를 기록한 〈하본기〉에 나오는 말이에요. 하나라의 우임금 이야기에 이런 내용이 있답니다.

"우는 아버지 곤이 뜻한 바를 이루지 못하고 죽임 당한 것에 마음 아파 노심초사(勞心焦思)하며 13년을 밖에서 지냈다. 집 대문 앞을 지나면서도 감히 들어가지 못했다."

다다익선 多多益善

多 많을 다 多 많을 다 益 더할 익 善 착할 선

많으면 많을수록 좋다.

사랑은 무조건 다다익선!

언제 쓰일까?

다다익선은 많으면 많을수록 좋다는 뜻이에요. 무엇이 많으면 많을수록 좋을까요? 장난감·책·간식·친구 등등 정말 많네요!

한자 성어 더 보기

유의어	다다익판(多多益辦)
반의어	과유불급(過猶不及), 청심과욕(淸心寡慾)

많음에 관한 한자 성어

- 다사다난(多事多難) : 일도 많고 어려움도 많다.
- 다언혹중(多言或中) : 말을 많이 하면 거기에서 더러 맞는 말이 있기도 하다.

다다익선 이야기

한나라 황제 유방이 장수 한신에게 자신은 군사를 얼마나 거느릴 수 있겠는지 물었어요. 한신은 10만 명을 지휘할 수 있다고 대답했지요. 유방은 한신에게 물었어요.
"그대는 어느 정도의 군대를 거느릴 수 있는가?"
"많으면 많을수록 좋습니다(多多益善)."
"나는 기껏 10만 군사인데 그 이상을 거느릴 수 있는 그대는 어찌 내 밑에 있는가?"
"폐하께서는 군사를 이끄는 능력은 장수인 저보다 못하십니다. 하지만 장수를 이끄는 능력이 뛰어나시지요. 그렇기에 폐하의 밑에 있는 것입니다."

다재다능 多才多能

多 많을 다　才 재주 재　多 많을 다　能 능할 능

재주도 많고 능력도 뛰어나다.

재능은 재주와 능력이라는 뜻이야.

언제 쓰일까?

주변에 운동도 잘하고 그림도 잘 그리고 노래도 잘하고 공부도 잘하는 친구가 있나요? 와, 정말 다재다능하네요!

한자 성어 더 보기

유의어	능소능대(能小能大), 팔방미인(八方美人)
반의어	천학비재(淺學菲才)

> 다재다능 이야기

다재다능은 중국 진나라의 기록을 담은 책 《진서》에서 찾아볼 수 있어요. 인물화의 최고로 일컬어지는 동진의 화가 고개지에게서 나온 말이랍니다. 《진서》는 그를 이렇게 소개하고 있어요.

"그는 다재다능(多才多能)한 화가였으며 독특한 인품으로 사안은 그를 '천지개벽 이래 최고의 인물'이라고 했다."

당랑거철 螳螂拒轍

螳 사마귀 당 螂 사마귀 랑 拒 막을 거 轍 바퀴 자국 철

제 힘을 헤아리지 않고 강자에게 함부로 덤비다.

'당랑'은 사마귀의 한자 이름이야.

언제 쓰일까?

초등학교 1학년 동생이 6학년 형에게 덤비면 이길 수 있을까요? 물론 형이 동생을 봐주겠지만요. 당랑거철은 자신의 주제를 모르고 훨씬 강한 상대에게 덤빈다는 뜻이에요.

한자 성어 더 보기

유의어 당랑지부(螳螂之斧)

사마귀에 관한 한자 성어

- 당랑재후(螳螂在後) : 눈앞의 이익만 보느라 다가올 재앙을 생각하지 못하다.

당랑거철 이야기

제나라의 왕족인 장공은 사냥을 가려고 마차에 올랐어요. 모여 있던 사람들은 장공이 탄 마차가 지나갈 수 있도록 길을 비켜 줬지요. 그런데 사마귀 한 마리가 앞다리를 번쩍 들고 마차를 막지 않겠어요? 이를 본 장공이 말했어요.
"저 맹랑한 기세를 보라. 마차를 칠 듯하구나. 저 사마귀가 사람이었다면 대단한 장군이었을 것이다. 용기가 갸륵하니 사마귀를 피해서 가자꾸나."
그렇게 장공이 탄 마차는 사마귀를 피해 옆길로 갔답니다.

대기만성 大器晚成

大 큰 대 器 그릇 기 晚 늦을 만 成 이룰 성

크게 될 사람은 늦게 성공한다.

큰 그릇은 늦게 만들어진다는 뜻이야.

언제 쓰일까?

큰 그릇을 만들려면 오랜 시간 동안 정성을 쏟아야 해요. 사람도 마찬가지예요. 처음부터 두각을 드러내는 사람은 많지 않아요. 꾸준하게 노력하면 성공을 이룰 수 있답니다.

한자 성어 더 보기

유의어	마부작침(磨斧作針)
반의어	용두사미(龍頭蛇尾)

재능에 관한 한자 성어

- 낭중지추(囊中之錐) : 재능이 뛰어난 사람은 저절로 알려진다.
- 대기소용(大器小用) : 뛰어난 재능을 낭비하다.

대기만성 이야기

위나라의 뛰어난 장군 최염에게는 '최림'이라는 사촌 동생이 있었어요. 최림은 번번이 벼슬에 오르지 못해 친척들에게 무시를 당하기 일쑤였지요. 최염만은 최림의 재능을 알아보고 이렇게 말했어요.
"큰 그릇은 쉽게 만들어지지 않는다. 큰 인물들은 성공하기까지 오래 걸리는 법이다. 아우는 그런 대기만성(大器晩成)형이다. 두고 봐라, 열심히 노력하는 아우는 큰 인물이 될 것이야."
그의 말처럼 최림은 끊임없이 노력해 황제를 곁에서 돕는 높은 벼슬에 오를 수 있었답니다.

동병상련 同病相憐

同 한가지 동 病 병 병 相 서로 상 憐 불쌍히 여길 련

어려운 사람들끼리 서로를 가엽게 여기다.

같은 병을 앓아 서로를 불쌍히 여긴다는 뜻이야.

언제 쓰일까?

같은 아픔을 겪은 사람에게 마음이 쓰인다는 뜻이에요. 감기에 걸려 힘들어하고 있는데 친구도 감기에 걸렸대요. 같은 처지라 왠지 모르게 애틋한 마음이 드네요.

한자 성어 더 보기

| 유의어 | 양과분비(兩寡分悲) |
| 반의어 | 각자도생(各自圖生), 동상이몽(同牀異夢) |

공감에 관한 한자 성어

- **이심전심**(以心傳心) : 마음에서 마음으로 전하다.
- **측은지심**(惻隱之心) : 남을 불쌍하고 가엽게 여기다.

동병상련 이야기

초나라의 신하 오자서는 간신의 모함에 아버지를 잃었어요. 오자서는 자신을 해치려는 초나라 군사를 피해 오나라로 도망쳤지요. 열심히 나랏일을 도운 오자서는 오나라의 왕에게 인정을 받았어요. 얼마 후 초나라에서 백비가 도망쳐 왔어요. 백비도 오자서처럼 간신의 모함을 받아 쫓겨 온 사람이었지요. 동병상련(同病相憐)한 오자서는 백비를 오나라 왕에게 소개했어요. 사정을 들은 왕은 백비에게 벼슬을 내렸답니다. 두 사람은 오나라 왕을 도와 나라를 강하게 키웠어요. 시간이 지나고 오자서와 백비는 초나라 군대를 물리쳐 원수를 갚았답니다.

동상이몽 同牀異夢

同 한가지 동　牀 평상 상　異 다를 이　夢 꿈 몽

함께 행동하면서도 속으로는 다른 생각을 하다.

같은 침대에서 다른 꿈을 꾼다는 뜻이야.

언제 쓰일까?

동상이몽은 같은 행동을 하지만 속마음은 다르다는 뜻이에요. 함께 청소한다고 해도 누구는 '교실이 깨끗해지니까 좋다.'라고 생각하고 누구는 '에잇 귀찮아, 대충해야지.'라고 생각하듯이 말이에요.

한자 성어 더 보기

유의어	각자도생(各自圖生), 동상각몽(同牀各夢)
반의어	동심동덕(同心同德), 동주상구(同舟相救)

동상이몽 이야기

중국 남송에 '진량'이라는 학자가 있었어요. 그가 살던 때는 계속된 전쟁으로 주변 나라와 동맹이 많았답니다. 모든 나라가 겉으로는 동맹하면서도 속으로는 자신의 나라와 이익만을 생각했어요. 치열한 전쟁이 벌어지면 나라끼리 동맹과 배신이 빈번했지요. 이러한 모습을 보고 진량은 《여주원회서》라는 책에서 이렇게 이야기했어요.
"같은 잠자리에서 잠을 자도 제각각 다른 꿈을 꾸는구나(同牀異夢)."

마이동풍 馬耳東風

馬 말 마　耳 귀 이　東 동녘 동　風 바람 풍

남의 충고를 귀담아듣지 않다.

말의 귀에 봄바람이 스친다는 뜻이야.

언제 쓰일까?

다른 사람의 충고를 흘려듣는다는 뜻이에요. 주변에서 충고하는 데는 그만한 이유가 있답니다. 이를 무시했다가 큰코다칠 수도 있어요.

한자 성어 더 보기

유의어　대우탄금(對牛彈琴), 우이독경(牛耳讀經)

말에 관한 한자 성어

- 노마십가(駑馬十駕) : 재주 없는 사람도 노력하면 훌륭해진다.
- 주마간산(走馬看山) : 자세히 보지 않고 대충 보고 지나가다.
- 지록위마(指鹿爲馬) : 거짓된 사실로 윗사람을 속이다.

마이동풍 이야기

당나라의 이백과 왕십이는 아주 가까운 친구였어요. 둘 다 뛰어난 시인이었지만 누구도 알아주지 않았지요. 당시 당나라는 싸움을 잘하고 전쟁에서 이긴 사람만을 더 알아줬거든요. 어느 날 왕십이가 이백에게 서러운 마음을 담아 편지를 써 보냈어요. 편지를 읽은 이백은 다음처럼 답장을 보냈답니다.
"자네처럼 훌륭한 시인의 시에 아무도 관심이 없다니. 봄바람이 귀에 불어도 느끼지 못하는 말과 같지 않은가(馬耳東風)!"

명불허전 名不虛傳

名 이름 명 **不** 아닐 불 **虛** 빌 허 **傳** 전할 전

이름이 알려지는 데는 그럴 만한 이유가 있다.

유명해지는 데는 다 이유가 있다고!

언제 쓰일까?

제주도는 우리나라에서 유명한 관광 명소예요. 맑은 물의 해수욕장, 멋진 주상절리, 알쏭달쏭한 미로공원 등. 볼거리와 즐길 거리가 많은 제주도는 명불허전의 섬이지요.

한자 성어 더 보기

유의어	명불허득(名不虛得)
반의어	유명무실(有名無實)

이름에 관한 한자 성어

- **인사유명**(人死留名) : 사람은 죽어서 이름을 남기다.
- **입신양명**(立身揚名) : 출세하여 세상에 이름을 알리다.
- **저명인사**(著名人士) : 이름난 사람.

명불허전 이야기

명불허전은 사마천의 《사기열전》에 있는 맹상군의 기록에서 나온 말이에요. 춘추 전국 시대 말기의 정치가 맹상군은 진나라와 제나라, 위나라의 재상을 함께 맡았어요. 그는 천하의 인재들을 후하게 대접하기로 이름이 높았지요. 사람들은 맹상군을 이렇게 평했어요.

"맹상군이 객(客)을 좋아하고 즐거워했다고 하는데 그 이름이 헛된 것이 아니었다(名不虛傳)."

문전성시 門前成市

門 문 문　前 앞 전　成 이룰 성　市 저자 시

찾아오는 사람이 많아 북적이다.

와, 사람 진짜 많다!
복작복작, 북적북적.

언제 쓰일까?

인기 많은 맛집 앞에는 항상 사람들이 길게 줄 서 있어요. 어떨 때는 세 시간도 넘게 기다려야 한대요. 얼마나 맛있으면 그럴까요? 이렇게 어딘가로 또는 누군가에게 찾아오는 사람이 많은 모습을 두고 문전성시라고 해요.

한자 성어 더 보기

유의어	문정약시(門廷若市)
반의어	문전작라(門前雀羅)

문에 관한 한자 성어

- 두문불출(杜門不出) : 문을 닫고 나가지 않다.
- 문전걸식(門前乞食) : 여기저기 돌아다니며 음식을 구걸하다.
- 의문지망(倚門之望) : 어머니가 문에 기대 자식이 돌아오기를 기다리다.

문전성시 이야기

한나라의 황제 애제는 나랏일을 팽개치고 놀기 바빴어요. 보다 못한 충신 정숭이 황제에게 백성을 돌보고 나라의 질서를 바로잡으라 충고했어요. 황제는 그저 듣기 싫은 잔소리로만 들었지요. 때마침 정숭을 눈엣가시처럼 여기던 간신 조창은 황제에게 정숭을 헐뜯었답니다.
"폐하, 정숭이 수상합니다. 뇌물을 받는지, 수상한 일을 꾸미는지 그의 집 앞에 사람들이 북적여 문전성시(門前成市)를 이룬답니다."
크게 화난 황제는 정숭을 옥에 가두고 얼마 뒤 그를 죽이고 말았답니다.

반신반의 半信半疑

半 반 반 信 믿을 신 半 반 반 疑 의심할 의

반은 믿고 반은 의심하다.

언제 쓰일까?

알쏭달쏭 긴가민가, 믿어야 하나 의심해야 하나 그것이 문제로다! 완전히 믿을 수도 없고 거짓말이라고 할 수도 없는 애매한 상황에서 쓸 수 있는 말이에요. 반신반의할 때 누가 속 시원하게 알려 줬으면 좋겠네요.

한자 성어 더 보기

| 유의어 | 차신차의(且信且疑) |

의심에 관한 한자 성어

- **군의만복**(群疑滿腹) : 의심이 마음에 가득하다.
- **난의문답**(難疑問答) : 어렵고 의심스러운 문제를 서로 묻고 답하다.

반신반의 이야기

연나라의 왕에게 바칠 천리마를 구하지 못한 신하 곽외가 죽은 말의 뼈를 500금이나 주고 사 왔어요. 왕이 크게 화내자 곽외는 이렇게 말하지 않겠어요?
"죽은 말의 뼈를 500금에 사 왔으니 천리마가 있는 사람들은 더 많은 금을 받으려고 찾아올 것입니다."
왕은 곽외의 말이 옳다고 생각했어요. 그러면서도 의심을 버리지 못했지요. 몇 년 뒤, 왕은 그토록 바라던 천리마를 세 마리나 얻었답니다. 반신반의는 이 이야기에서 나왔어요.

백발백중 百發百中

百 일백 백 發 필 발 百 일백 백 中 가운데 중

모든 예상이 들어맞다.

말풍선: 쏘는 족족 모두 명중이지!

언제 쓰일까?

모든 예측이 맞거나 시도한 모든 일이 잘될 때 쓸 수 있는 말이에요. 신기하게도 어른들은 거짓말을 백발백중 바로 알아맞혀요. 아니라고요? 흠…… 알면서도 모른 척해 주시는 건 아닐까요?

한자 성어 더 보기

유의어	백보천양(百步穿楊), 일발필중(一發必中)
반의어	무적방시(無的放矢)

활에 관한 한자 성어

- 막강지궁(莫強之弓) : 아주 강한 활.
- 양궁거시(揚弓擧矢) : 활과 화살을 높이 든다는 뜻으로 승리를 말한다.

백발백중 이야기

광장에서 사람들이 활 실력을 겨루고 있었어요. 환호하는 사람들 사이에서 양유기는 고작 50보 떨어진 과녁을 맞추는 게 뭐 그리 대단하냐고 말했어요. 활을 쏘던 남자가 양유기의 말을 듣고 자신과 겨루어 보자고 소리쳤어요. 양유기는 50보의 두 배인 100보 떨어진 거리의 버드나무 잎에 화살 열 발을 쏴 모두 맞혔어요. 다음으로 열 발을 쏜 남자는 한 발도 맞추지 못했어요. 남자는 양유기의 실력에 감탄하며 패배를 인정했어요. 이 일을 계기로 명궁 양유기의 소문이 온 나라에 퍼졌답니다.

불원천리 不遠千里

不 아닐 불 **遠** 멀 원 **千** 일천 천 **里** 마을 리

먼 길도 기쁜 마음으로 가다.

천 리는 서울부터 부산까지의 거리야.

1000리

언제 쓰일까?

기대가 크면 가는 길이 멀어도 힘들지 않아요. 놀이공원에 가는 동안은 콧노래가 절로 나와요. 친구를 만나러 가는 길도 언제나 설레지요. 이처럼 기대하는 곳은 아무리 멀리 있어도 행복하고 즐겁게 갈 수 있다고요!

한자 성어 더 보기

| 유의어 | 불원만리(不遠萬里) |

기다림에 관한 한자 성어

- **일일여삼추**(一日如三秋) : 몹시 애태우며 기다리다.
- **학수고대**(鶴首苦待) : 무언가를 목이 빠지게 기다리는 모습.

> 🏷️ **불원천리 이야기**

어느 날 위나라에 지혜롭다고 소문난 맹자가 찾아왔어요. 위나라 양혜왕은 맹자를 기쁘게 맞이하며 말했어요.
"불원천리(不遠千里) 찾아오신 이유는 나라에 이득이 될 만한 일이 있기 때문입니까?"
"왕께서는 어찌 저에게 이득이 될 만한 일만 물으십니까? 나라의 이득만을 생각하면 관리들은 집안의 이득만을 생각할 것입니다. 백성들도 내 몸의 이득만을 생각하겠지요. 서로 욕심만 챙겨 나라가 위험해질 것입니다."
맹자는 양혜왕의 욕심을 꾸짖었어요.

산전수전 山戰水戰

山 메 산 戰 싸움 전 水 물 수 戰 싸움 전

온갖 고생과 어려움.

산에서도 싸우고 물에서도 싸운다는 뜻이야.

언제 쓰일까?

초등학교 6학년이라면 6년 동안 학교에서 다양한 경험을 했을 거예요. 이제 막 입학하는 1학년 친구들을 보면 이렇게 말할 수 있겠네요. "내가 학교에서 산전수전 다 경험했지!"

한자 성어 더 보기

유의어 만고풍상(萬古風霜), 백전노장(百戰老將)

산에 관한 한자 성어

- **산자수명**(山紫水明) : 산의 빛이 아름답고 강물이 맑다.
- **심산유곡**(深山幽谷) : 깊고 고요한 산과 골짜기.

산전수전 이야기

100가지 전쟁을 기록한 책 《백전기략》에 다음과 같은 구절이 있어요.
"수많은 전쟁에는 산전과 수도도 있다. 산전은 산에서 싸우는 것이고 수전은 물에서 싸우는 것이다(山戰水戰). 모두 육지에서 싸우는 것보다 험난하다. 경험이 많지 않은 평범한 군사들을 이끌고 산전수전을 치르면 패배하기 쉽다. 따라서 산전수전을 겪었다는 것은 '증명된 용사'라는 뜻이다. 모진 시련을 겪어 정신적으로나 육체적으로나 강인한 사람을 뜻하기도 한다."

삼고초려 三顧草廬

三 석 삼　顧 돌아볼 고　草 풀 초　廬 농막집 려

인재를 얻으려면 참을성 있게 노력해야 한다.

언제 쓰일까?

농구를 아주 잘하는 친구에게 농구 동아리에 들어와 달라고 부탁했어요. 처음에는 거절당했지만 두 번, 세 번 설득하여 동아리에 들어오게 했어요. 그야말로 삼고초려해서 동아리에 들어오게 했네요.

한자 성어 더 보기

유의어　초려삼고(草廬三顧)

삼국지에 관한 한자 성어

- **도원결의**(桃園結義) : 뜻이 맞는 사람끼리 일을 추진하다.
- **비육지탄**(髀肉之嘆) : 이룬 것 없이 허송세월한 것을 한탄하다.
- **출사표**(出師表) : 전쟁터에 나가며 올리는 글.

삼고초려 이야기

유비가 관우와 장비를 데리고 산골짜기 깊은 곳으로 향했어요. 그곳은 뛰어나다고 소문난 제갈 선생이 있는 곳이었지요. 힘들게 도착했지만 제갈 선생은 약초를 캐러 나간 뒤였답니다. 유비는 할 수 없이 발길을 돌려야 했어요. 얼마 뒤 다시 찾아갔지만 이번에도 제갈 선생은 없었어요. 관우와 장비는 화를 냈지만 유비는 아무 말 없이 돌아갔어요. 시간이 지난 뒤에 유비는 다시 선생의 집을 찾아갔어요. 제갈 선생은 세 번이나 자신을 찾아온 유비에게 감동하여 신하가 되기로 결심했어요. 그 뒤 유비를 도와 많은 전쟁을 승리로 이끌었답니다.

새옹지마 塞翁之馬

塞 변방 새 翁 늙은이 옹 之 갈 지 馬 말 마

변화가 많아서 좋고 나쁨을 예측할 수 없다.

좋은 일이 나쁜 일로, 나쁜 일이 좋은 일이 되기도 해.

언제 쓰일까?

무슨 일이든 항상 나쁠 수는 없고 항상 좋을 수도 없어요. 나쁜 일이 일어나더라도 너무 슬퍼하지 말고 기쁜 일이 일어나더라도 자만하지 말아야 해요. 일은 언제 어떻게 바뀔지 모르니까요.

한자 성어 더 보기

유의어 새옹득실(塞翁得失), 전화위복(轉禍爲福)

변화에 관한 한자 성어
- 변화무쌍(變化無雙) : 변하는 정도가 지나치다.
- 파란만장(波瀾萬丈) : 생활이나 일의 진행이 변화가 심하다.

새옹지마 이야기

옛날 중국 국경의 작은 마을에 한 노인이 살았어요. 어느 날 노인의 말이 국경 너머로 도망쳤어요. 이웃들은 안타까워했지만 노인은 "이 일이 복이 될지 모른다네."라고 말했어요. 얼마 뒤, 도망갔던 말이 암말과 함께 돌아왔어요. 말이 늘었다며 이웃들은 기뻐했어요. 노인은 "이 일이 불행이 될지도 모르지."라고 말했지요. 며칠 뒤, 노인의 아들이 말을 타다가 떨어져서 다리가 부러졌어요. 이웃들이 위로하자 노인은 "이 일이 복이 될 수도 있지."라고 말했어요. 며칠 뒤 전쟁이 일어나 나라에서 젊은이들을 불러 모았어요. 다리를 다친 노인의 아들은 전쟁에 나가지 않아 목숨을 구할 수 있었답니다.

선견지명 先見之明

先 먼저 선 **見** 볼 견 **之** 갈 지 **明** 밝을 명

미래를 내다볼 수 있는 지혜.

과거를 알면 미래를 내다볼 수 있어.

언제 쓰일까?

미래를 볼 수 있는 초능력이 있다면 얼마나 좋을까요? 초능력은 아니지만 미래를 지혜롭게 잘 내다보는 사람들이 종종 있어요. 이런 사람들을 보고 선견지명이 있다고 해요.

한자 성어 더 보기

| 유의어 | 독견지명(獨見之明) |

먼저에 관한 한자 성어

- **선즉제인**(先則制人) : 아무도 하지 않는 일을 앞서서 하면 유리하다.
- **솔선수범**(率先垂範) : 먼저 행동하여 모범을 보이다.

선견지명 이야기

후한의 역사를 담은 책 《후한서》에 나온 이야기예요. 한나라의 장수인 곽거병이 북쪽의 흉노를 침공했을 때였어요. 14세였던 흉노족 왕자 김일제는 끝까지 싸우다 죽은 아버지와 달리 싸워 봤자 이길 수 없는 전쟁이라고 생각했어요. 그는 항복하여 한나라 황제의 궁에서 말을 돌보며 살았답니다. 김일제의 선견지명 덕분에 그를 따르던 많은 신하와 백성도 목숨을 구했지요. 누군가는 그에게 비굴하다고 하겠지만 누군가는 허무하게 죽느니 사는 것이 낫다고 볼 거예요.

설상가상 雪上加霜

雪 눈 설　上 윗 상　加 더할 가　霜 서리 상

좋지 않은 일이 연달아 일어나다.

눈 위에 서리가 쌓였다는 뜻이야.

언제 쓰일까?

힘든 일은 한 번으로도 충분한데 연달아 일어난다면 너무나 고통스럽겠네요. 시련을 통해서 성장한다지만 설상가상은 사양하고 싶을 거예요.

한자 성어 더 보기

유의어	병상첨병(病上添病), 첩첩산중(疊疊山中)
반의어	금상첨화(錦上添花)

눈에 관한 한자 성어

- 설부화용(雪膚花容) : 눈처럼 흰 피부와 꽃처럼 고운 얼굴.

설상가상 이야기

중국 송나라 때 도원이 지은 《경덕전등록》에 나오는 이야기예요. '대양선사'라는 유명한 스님이 있었어요. 그를 만나기 위해 많은 스님이 찾아왔지요. 어느 날, 스님 이선사가 대양선사를 찾아와 인사를 드렸어요. 대양선사는 이선사가 드러내기만 좋아하고 보이지 않는 일에 소홀한 사람이라고 생각했답니다. 그래서 "그대는 앞만 볼 줄 알고 뒤를 볼 줄 모르는구나."라고 충고했어요. 이선사도 "눈 위에 서리를 더하는 말씀이십니다."라고 대꾸했어요. 이선사는 쓸데없는 참견이라 생각해 '흰 눈에 서리를 더하는 것'이라고 말했지요. 처음에 설상가상은 쓸데없는 참견이나 일의 반복을 뜻했지만 세월이 흐르면서 오늘날의 뜻으로 바뀌었답니다.

소탐대실 小貪大失

小 작을 소 貪 탐낼 탐 大 큰 대 失 잃을 실

작은 것을 얻으려다 큰 손해를 보다.

사람의 욕심은 끝이 없나 봐.

언제 쓰일까?

소탐대실은 작은 것을 얻으려다가 크게 잃었을 때 쓰는 말이에요. 친구가 가진 딱지 하나를 따려다가 내가 가진 딱지를 몽땅 잃었어요. 이런, 그냥 하지 말 걸 그랬네요.

한자 성어 더 보기

유의어	교각살우(矯角殺牛), 과유불급(過猶不及)
반의어	사소취대(捨小取大)

손해에 관한 한자 성어

- **득부실부**(得斧失斧) : 이익도 손해도 없다.
- **포신구화**(抱薪救火) : 잘못된 방법으로 해를 막다 더 손해를 보다.

소탐대실 이야기

촉나라의 왕은 욕심이 많기로 유명했어요. 진나라의 혜왕은 촉나라 왕의 어리석음을 이용해 촉나라를 공격할 계획을 짰어요. 먼저, 혜왕은 조각한 소의 안에 보물들을 채워 넣었어요. 그리고 촉나라에 보물 소를 선물할 거라고 소문을 냈지요. 이 소식을 들은 촉나라의 왕은 진나라의 함정이라는 신하들의 충고를 무시한 채 보물 소를 받으려고 직접 밖으로 나왔어요. 그러자 보물 소의 뒤에 숨어 있던 진나라의 군사들이 왕을 사로잡았어요. 그렇게 촉나라의 왕은 보물을 탐내다가 왕의 자리도, 나라도 잃고 말았답니다.

시시비비 是是非非

是 옳을 시 **是** 옳을 시 **非** 아닐 비 **非** 아닐 비

옳고 그름을 판단하다.

옳은 것과 그른 것이라는 뜻이야.

언제 쓰일까?

"네가 잘못했어!", "무슨 소리야 네가 잘못했지!" 두 친구가 싸우고 있네요. 누가 더 잘못했는지 시시비비를 가려야 하는데 여간 어려운 일이 아니에요.

한자 성어 더 보기

유의어	시비곡직(是非曲直), 시비지심(是非之心), 왈가왈부(曰可曰否)
반의어	옥석혼효(玉石混淆)

판단에 관한 한자 성어

- **독단전행**(獨斷專行) : 상의 없이 혼자 판단하거나 행동하다.
- **명견만리**(明見萬里) : 만 리를 내다볼 만큼 판단이 정확하다.

시시비비 이야기

존경받는 대학자 순자가 쓴 책 ≪순자집해≫에 이런 이야기가 나와요.
"옳은 것을 옳다 하고 그른 것을 그르다 하는 것(是是非非)이 지혜다. 옳은 것을 그르다 하고 그른 것을 옳다 하는 것이 어리석음이다."

신출귀몰 神出鬼沒

神 귀신 신　出 날 출　鬼 귀신 귀　沒 빠질 몰

귀신같이 나타났다가 귀신같이 사라진다.

샤샤샥! 바람처럼 왔다가 바람처럼 사라진다!

언제 쓰일까?

여기저기에 나타났다 사라지는 사람을 표현하는 말이에요. 그 모습이 귀신같다는 뜻인데……. 으으, 무서워라.

한자 성어 더 보기

| 유의어 | 동섬서홀(東閃西忽) |

귀신에 관한 한자 성어

- **무자귀신**(無子鬼神) : 자손을 두지 못한 사람이 죽어서 되는 귀신
- **백귀야행**(百鬼夜行) : 이상한 꼴로 이상하게 행동하는 무리가 돌아다니다.

신출귀몰 이야기

한나라의 회남왕 유안이 엮은 책 《회남자》의 〈병략훈〉에 이런 이야기가 나와요. "군사를 부리는 데 능숙한 사람의 행동은 귀신이 나타나고 돌아다니는 듯(神出鬼沒) 빠르고 별처럼 빛나며 자유로운 하늘처럼 움직인다. 나아가고 물러나거나, 굽히고 펴는 것은 예고도 없고 흔적도 남기지 않는다."
이 전략에는 군대와 무기 등이 적에게 드러나지 않도록 교묘하게 움직이라는 뜻이 담겨 있어요.

십시일반 十匙一飯

十 열 십 **匙** 숟가락 시 **一** 한 일 **飯** 밥 반

여럿이 작은 힘을 모아 큰 도움을 줄 수 있다.

서로가 돕고 사는 세상이 되었으면 좋겠어.

언제 쓰일까?

작은 도움이 모이면 큰 힘이 될 수 있어요. 한 숟가락 한 숟가락이 모여서 한 그릇이 되는 것처럼요. 주변을 잘 살펴보세요. 나의 도움이 필요한 사람이 있을지도 모르니까요.

한자 성어 더 보기

유의어 동심합력(同心合力), 상부상조(相扶相助), 환난상휼(患難相恤)

공존에 관한 한자 성어

- **공존공영**(共存共榮) : 함께 존재하고 함께 번영하다.

> **십시일반 이야기**

스님들은 수행하며 방에 머무를 때면 자신이 먹을 쌀을 가지고 갔어요. 그러다가 다른 스님이 손님으로 오면 모두가 자신의 쌀을 한 숟가락씩 덜어서 드렸다고 해요. 여기에서 십시일반이 유래했어요. 스님들이 자신의 쌀을 나눈 것처럼 모두가 가진 것을 조금씩 나눈다면 세상은 더욱 아름다워질 거예요.

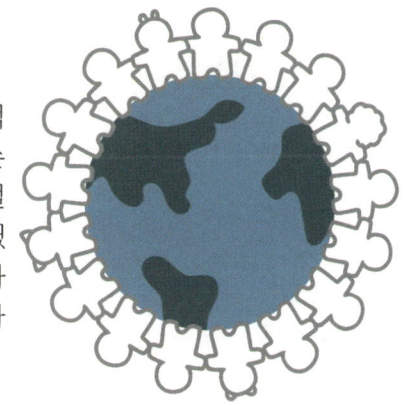

안하무인 眼下無人

眼 눈 안 **下** 아래 하 **無** 없을 무 **人** 사람 인

태도가 몹시 교만하여 남을 무시하다.

언제 쓰일까?

눈 아래 사람이 없다는 것은 다른 사람을 신경 쓰지 않는다는 뜻이에요. 아무도 없는 것처럼 이기적이라는 거지요. 아무리 잘난 사람이라고 해도 다른 사람을 무시하는 안하무인 태도는 좋지 않겠지요?

한자 성어 더 보기

유의어	망자존대(妄自尊大), 방약무인(傍若無人), 오만불손(傲慢不遜)
반의어	대객지도(對客之道), 역지사지(易地思之)

안하무인 이야기

안하무인은 명나라의 능몽초가 지은 단편 소설 《초각박안경기》의 이야기에서 나왔어요. 엄씨 성을 가진 부부가 늦은 나이에 아들을 낳았어요. 어렵게 얻은 만큼 이 아들을 떠받들며 키웠지요. 아들은 자라면서 버릇이 없어져 사람들에게 제멋대로 굴었어요. 부부는 아들이 온갖 문제를 일으키자 타일렀지만 소용이 없었답니다. 끝내 부부를 때리는 지경까지 이르렀지요. 부부는 안하무인으로 자란 아들을 보며 뒤늦게 후회했답니다.

어부지리 漁夫之利

漁 고기 잡을 어　夫 지아비 부　之 갈 지　利 이로울 리

두 사람의 싸움에 엉뚱한 사람이 이득을 보다.

"고래 싸움에 새우등 터진다."처럼 싸움에 휘말리면 손해 보는 경우가 더 많아.

언제 쓰일까?

두 사람이 싸우는 동안 엉뚱한 사람이 이익을 얻는다는 뜻이에요. 다른 사람만 좋아질 줄 알았다면 싸우지나 말 걸, 하고 후회할 때가 많아요.

한자 성어 더 보기

유의어	견토지쟁(犬兔之爭), 전부지공(田父之功)
반의어	간어제초(間於齊楚), 경전하사(鯨戰蝦死)

> 🌸 **어부지리 이야기**

어부지리는 중국의 《전국책》의 이야기에서 나온 말이에요. 어느 날, 조개가 껍데기를 크게 벌리고 있었어요. 그런데 멀리서 날아온 황새가 조개를 콕 쪼지 뭐예요? 놀란 조개는 껍데기를 다물었어요. 조개는 '내일이면 입을 벌리지 못하는 황새가 배가 고파 죽겠지?' 하고 생각했어요. 반대로 황새는 '조개가 말라 죽겠지?' 하고 생각했어요. 그렇게 조개와 황새는 조금도 물러서지 않고 버텼어요. 마침 지나가던 어부가 이를 보고 둘을 잡아 망태기에 넣었답니다.
"조개에다 황새라니! 오늘은 배부르게 먹겠군!"

역지사지 易地思之

易 바꿀 역　地 땅 지　思 생각 사　之 갈 지

다른 사람의 입장에서 생각하다.

"다른 사람을 배려하고 이해하는 방법이야."

언제 쓰일까?

땅을 바꾼 뒤에 생각한다는 것은 상대방의 처지에서 생각한다는 뜻이에요. 상대가 어떤 상황을 겪었는지 알면 왜 그렇게 행동했는지 알 수 있을 테니까요.

한자 성어 더 보기

유의어	추기급인(推己及人)
반의어	아전인수(我田引水)

하늘과 땅에 관한 한자 성어

- **경천동지**(驚天動地) : 하늘과 땅을 움직이게 할 만큼 놀라운 일.
- **천지지간**(天地之間) : 하늘과 땅 사이. 즉, 우리가 사는 세상.

역지사지 이야기

옛날에 '하우'와 '후직'이라는 관리가 살았어요. 둘은 나랏일이 너무 바빠 집에도 가지 못했어요. 심지어 집 앞을 지나갈 일이 있어도 집에 들어가지 않았지요. 주변 사람들이 쉬라고 해도 하우와 후직은 백성들을 위해 일하느라 쉴 수 없다고 했답니다. 후에 공자는 안회가 하우와 후직만큼 훌륭한 인물이라고 했어요.
"안회는 누추한 곳에서 밥과 물만 먹고 살아간다네. 그러면서도 신념을 잃지 않지. 하우와 후직, 내 제자 안회는 모두 같은 길을 걷는 사람이네. 서로의 처지가 바뀐다고 해도(易地思之) 달라질 것이 없네."

오매불망 寤寐不忘

寤 잠깰 오 寐 잘 매 不 아닐 불 忘 잊을 망

자나 깨나 언제나 잊지 못하다.

상사병은 사랑하는 사람을 그리워하는 마음의 병이야.

언제 쓰일까?

얼마나 좋은 일이고 얼마나 기대하는 일이면 깨어 있을 때나 잠잘 때나 생각할까요? 여러분이 오매불망하는 것은 무엇이 있나요? 맛있는 치킨? 재미있는 게임기?

한자 성어 더 보기

유의어	오매사복(寤寐思服), 학수고대(鶴首苦待)
반의어	선망후실(先忘後失)

🔖 오매불망 이야기

《시경》의 시 <관저>에 주나라 문왕과 그의 아내 태사를 높이 칭송한 노래가 전해지고 있어요. 오매불망은 여기에서 나온 말이에요.

들쭉날쭉 행채 풀을 여기저기 구하고
아리따운 아가씨를 자나 깨나 찾네.
구하고 싶어도 못 구하여 자나 깨나 생각하니(寤寐不忘)
막연하기도 하여라. 이리저리 뒤척거리네.

외유내강 外柔內剛

外 바깥 외 柔 부드러울 유 內 안 내 剛 굳셀 강

겉보기에는 부드럽지만 속은 아주 강하다.

겉으로만 봐서는 강한지 모르는 법이야.

언제 쓰일까?

외유내강은 겉으로는 약해 보여도 속은 강한 사람을 비유하는 말이에요. 만화에서 약한 줄 알았던 인물이 알고 보니 가장 강한 사람일 때가 있어요. 숨겨 둔 힘이 있는 외유내강형 인물이지요.

한자 성어 더 보기

유의어	내강외유(內剛外柔)
반의어	외강내유(外剛內柔)

부드러움에 관한 한자 성어

- 강유겸전(剛柔兼全) : 굳세면서도 부드러움.
- 유능제강(柔能制剛) : 부드러움이 강함을 이기다.

외유내강 이야기

외유내강은 당나라의 '노탄'이라는 사람이 한 말에서 나왔어요. 어느 날 황제가 요남중이라는 신하에게 벼슬을 내렸어요. 하지만 설영진을 포함한 다른 신하들은 그가 가난하다는 이유로 반대했어요. 훌륭한 인품의 노탄은 그들을 이렇게 비판하였답니다.

"요남중은 외유내강(外柔內剛)한 사람입니다. 그가 벼슬에 오르는 것을 받아들이지 않는다면 저 역시 감독관인 설영진을 따르지 않겠습니다."

용두사미 龍頭蛇尾

龍 용 용 頭 머리 두 蛇 긴 뱀 사 尾 꼬리 미

처음은 좋았지만 끝은 흐지부지되다.

머리는 용이지만 꼬리는 뱀이라는 뜻이야.

언제 쓰일까?

용으로 시작했으면 용으로 끝나야 하고 뱀으로 시작했으면 뱀으로 끝나야 해요. 시작만 용처럼 멋있으면 무슨 소용인가요? 끝도 시작처럼 멋지게 마무리 해야지요.

한자 성어 더 보기

유의어	작심삼일(作心三日)
반의어	시종일관(始終一貫), 점입가경(漸入佳境)

변심에 관한 한자 성어
- **조령모개**(朝令暮改) : 일관성이 없어 갈피를 잡기 힘들다.
- **조변석개**(朝變夕改) : 결심이 수시로 바뀐다.

용두사미 이야기

송나라에 '진존자'라는 배려심 깊은 스님이 있었어요. 어느 날 진존자는 길에서 만난 한 스님에게 깨달음에 대해 물어봤어요. 그런데 질문을 받은 스님이 버럭 소리 지르지 않겠어요? 진존자는 스님이 도를 많이 닦아 어리석은 자신의 질문에 화낸다고 생각했어요. 하지만 다른 질문을 해도 어김없이 소리를 지르자 스님에 대한 생각이 바뀌었어요.

'용의 머리처럼 훌륭한 사람이라 생각했는데, 알고 보니 뱀의 꼬리와 같은 사람이구나.'

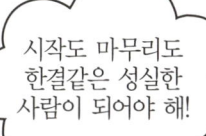

우이독경 牛耳讀經

牛 소 우 耳 귀 이 讀 읽을 독 經 글 경

아무리 가르쳐도 알지 못하다.

'경'은 유교 사상과 교리에 관한 책이야.

언제 쓰일까?

소에게 좋은 글을 읽어 줘도 알아들을 리가 있나요? 우이독경은 아무리 훌륭한 지식을 가르쳐도 알아듣지 못해 소용이 없을 때 쓸 수 있는 말이에요.

한자 성어 더 보기

유의어	대우탄금(對牛彈琴), 마이동풍(馬耳東風)
반의어	거일반삼(擧一反三)

소에 관한 한자 성어

- 우각괘서(牛角掛書) : 시간을 아껴 공부하다.
- 우음마식(牛飮馬食) : 소처럼 많이 먹고 마시다.

우이독경 이야기

먼 옛날, 글을 쓰지 못하는 농부가 살았어요. 글을 못 쓰는 자신이 부끄러워진 농부는 서당에 다녔지요. 그런데 나이 든 농부의 실력을 생각 못 한 훈장님이 어려운 유학 경전부터 가르치지 않겠어요? 농부는 훈장님이 경전 말씀을 읊는 시간이 힘겨웠어요. 하루 이틀, 시간이 지나도 실력에 발전이 없자 훈장님은 까막눈으로 사는 게 속 편하겠다며 농부에게 호통쳤답니다. 이후 밭으로 줄행랑친 농부는 소가 말을 안 들을 때마다 이렇게 말했대요.
"이놈, 말 안 들으면 경전을 읽어 줄까 보다."

유구무언 有口無言

有 있을 유 口 입 구 無 없을 무 言 말씀 언

분명한 잘못이 있기에 변명할 수가 없다.

입은 있지만 말할 수 없다는 뜻이야.

언제 쓰일까?

친구에게 큰 잘못을 저질렀어요. 너무 미안해서 말을 꺼낼 수가 없을 때 유구무언이라는 말을 쓸 수 있어요. 친구에게 사과하고 싶지만 선뜻 말을 꺼내기 어렵다면 진심을 담아 편지를 써 보세요.

한자 성어 더 보기

유의어	난명지안(難明之安), 훼장삼척(喙長三尺)
반의어	자구지단(藉口之端)

입에 관한 한자 성어

- **구상유취**(口尙乳臭) : 말과 행동이 유치하다.
- **일구이언**(一口二言) : 한입으로 두말하다.

유구무언 이야기

백성들의 세금을 줄여 달라고 부탁하는 맹자에게 혜왕이 말했어요.
"세금이 많은 것은 사실이나 갑자기 줄이면 무리가 따르니 조금씩 줄이리라."
이에 맹자는 이렇게 말했어요.
"도둑이 닭을 훔치다가 주인에게 걸렸습니다. 도둑이 훔치는 닭의 수를 줄이겠다고 하면 닭 도둑이 아닌 게 됩니까?"
혜왕은 한 마리든 두 마리든, 훔치는 행동은 마찬가지로 나쁘다고 생각했어요. 그 말에 맹자는 잘못된 정치인 줄 알았다면 즉시 고쳐야 한다고 했지요. 이에 혜왕은 아무 말도 하지 못했어요. 유구무언은 여기에서 온 말이에요.

유유상종 類類相從

類 무리 유　類 무리 유　相 서로 상　從 좇을 종

비슷한 사람들끼리 친하게 지내다.

비슷한 사람들끼리 같은 색을 띤다고 비유하기도 해.

언제 쓰일까?

새는 새들끼리 모여 살고 물고기는 물고기들끼리 모여 살아요. 사람도 마찬가지예요. 비슷한 사람들끼리 모여 산답니다. 비슷한 종류나 사람끼리 모여서 지내는 것을 유유상종이라고 해요.

한자 성어 더 보기

유의어	동기상구(同氣相求), 동성상응(同聲相應)
반의어	화이부동(和而不同)

유유상종 이야기

제나라의 왕이 신하 순우곤에게 전국에서 인재를 찾아오라고 명령했어요. 며칠 뒤, 순우곤은 인재 7명을 데리고 나타났어요. 순우곤이 데려온 많은 인재를 보자 왕은 깜짝 놀랐어요. 왕은 순우곤이 기껏해야 한두 명을 데리고 올 줄 알았거든요. 어떻게 이리 많은 인재를 데려왔냐는 왕의 물음에 순우곤은 이렇게 이야기했어요.
"같은 종의 새가 무리를 지어 살 듯 인재도 끼리끼리 모여 삽니다(類類相從). 인재를 모으기는 강에서 물을 구하기처럼 쉬운 일이지요."

의기양양 意氣揚揚

意 뜻 의 氣 기운 기 揚 날릴 양 揚 날릴 양

원하는 바를 이루고 자랑스러워 뽐내는 모습.

긍정적으로도 부정적으로도 두루 쓰여.

언제 쓰일까?

"모두가 안 된다고 했지? 거봐, 내가 뭐랬어? 난 할 수 있다니까." 이런 말은요. 원하는 바를 이뤄 의기양양하게 자신감이 뿜어져 나올 때 할 수 있어요.

한자 성어 더 보기

유의어	득의만만(得意滿滿), 득의만면(得意滿面), 지고기양(趾高氣揚)
반의어	의기소침(意氣銷沈), 자격지심(自激之心), 자괴지심(自愧之心)

의기양양 이야기

제나라의 재상 안영은 키는 작았지만 행동이 겸손해 백성들에게 존경받았어요. 어느 날, 안영이 탄 마차가 거리를 지나고 있었어요. 마부의 아내가 남편이 일하는 모습을 엿보니 의기양양하게 안영의 마차를 몰며 거만하게 굴지 않겠어요? 이후 집에 돌아온 마부에게 아내가 이야기했어요.

"재상께서는 언제나 겸손하게 행동하십니다. 한데 당신은 키만 컸지 마부로 있으면서 행동을 조심하지 않으니 이대로는 살지 못하겠습니다."

이에 마부가 크게 깨달음을 얻어 자신의 행동을 고쳤다고 해요.

인과응보 因果應報

因 인할 인　果 열매 과　應 응할 응　報 갚을 보

자신이 한 행동에 대가를 받다.

주로 부정적인 의미로 쓰여.

언제 쓰일까?

평소에 나쁜 행동을 일삼던 사람이라면 벌을 받아야 해요. 주변에 장난이 지나친 친구가 있나요? 선생님께 혼나는 친구를 보며 이렇게 말한 적 없나요? "평소에 심술궂게 행동하더니 인과응보야!"

한자 성어 더 보기

| 유의어 | 사필귀정(事必歸正), 자업자득(自業自得), 종두득두(種豆得豆) |

결과에 관한 한자 성어

- 유종지미(有終之美) : 끝까지 잘해 끝맺음이 좋다.
- 이로동귀(異路同歸) : 방법은 달라도 결과는 같다.

인과응보 이야기

인과응보는 불교에서 온 말이에요. 불교에서는 사람이 죽고 난 뒤 다시 태어날 수 있다고 믿어요. 이번 생을 어떻게 살았는지에 따라 다음 생이 정해진대요. 나쁜 일을 많이 한 사람은 벌레로 태어나고 착한 일을 많이 한 사람은 부자로 태어나요. 인과응보는 이러한 믿음에서 생겼어요. 과거에 한 행동에 따른 보답이나 벌을 받는다는 뜻이지요. 불교뿐만 아니라 일상에서도 많이 쓰여요. 비슷한 용어인 업보 역시 불교에서 나온 말이랍니다.

일석이조 一石二鳥
一 한 일 石 돌 석 二 두 이 鳥 새 조

한 가지 일로 두 가지 이득을 보다.

도랑 치고 가재 잡고 꿩 먹고 알 먹고.

언제 쓰일까?
방이 더러워서 청소했는데 침대 아래에서 동전을 찾았어요! 방도 깨끗해지고 돈도 생기다니 그야말로 일석이조네요! 이처럼 일석이조는 한 가지 일을 해서 이익을 여럿 얻을 때 쓴답니다.

한자 성어 더 보기
유의어	일거양득(一擧兩得), 일망타진(一網打盡)
반의어	노이무공(勞而無功), 도로무공(徒勞無功)

이득에 관한 한자 성어
- **견리사의**(見利思義) : 눈앞의 이익에서 의리를 먼저 생각하다.
- **박리다매**(薄利多賣) : 이익을 적게 보고 많이 파는 것.

일석이조 이야기

진나라의 신하 사마조는 혜문왕에게 이렇게 말을 올렸어요.
"강한 나라를 원한다면 땅을 넓히고 강한 군대를 원한다면 백성을 챙겨야 하며 다른 나라들을 정복하고자 한다면 덕을 쌓는 데 힘써야 하옵니다. 이 세 가지가 갖춰지면 왕께서 바라시는 일은 자연히 이루어집니다. 지금의 진나라는 땅도 좁고 백성들도 살기가 어렵습니다. 이 두 문제를 해결하려면 진나라의 군사로 이 땅을 괴롭히는 오랑캐를 먼저 무찌르셔야 합니다. 그러면 땅은 넓어지고 백성들의 재물은 쌓여 '일석이조(一石二鳥)'가 아니겠습니까?"
혜문왕은 그 말에 따라 오랑캐를 쫓아내고 땅을 넓혀 나라를 키울 수 있었어요.

일취월장 日就月將

日 날 **일 就** 나아갈 **취 月** 달 **월 將** 장차 **장**

나날이 발전하는 모습.

조금씩 성장하다 보면 경지에 도달할 수 있어.

언제 쓰일까?

하루아침에 최고가 될 수 없는 노릇이지요. 하루에 한 걸음씩 나아가다 보면 전보다 나아진 모습을 볼 수 있을 거예요. 일취월장은 이렇게 하루하루 성장하는 모습을 나타낼 때 쓴답니다.

한자 성어 더 보기

유의어	괄목상대(刮目相對), 일진월보(日進月步)
반의어	강랑재진(江郞才盡)

일취월장 이야기

주나라의 왕에게 신하들이 충고하는 편지를 보냈어요. 주나라의 왕은 이렇게 답장을 보냈답니다.

나는 총명하지 못한 작은 사람이지만
일취월장(日就月將)하여 배움의 빛인 광명에 이를 것이다.
맡은 일을 도와 나에게 밝은 덕을 보여 달라.

이 답장에는 부족한 자신도 노력할 테니 신하들도 학문을 갈고닦아 도덕적인 모습을 보여 달라는 뜻이 담겨 있어요.

임기응변 臨機應變

臨 임할 임 　機 틀 기 　應 응할 응 　變 변할 변

그때그때의 상황에 맞게 일을 처리하다.

모든 일이 계획대로 되지 않아도 당황하지 마.

언제 쓰일까?

축구를 연습해야 하는데, 공을 두고 왔어요. 그런데 쓰지 않는 배구공이 있다면 어떨까요? 축구공 대신 배구공을 차며 연습했다면 임기응변이 엄청나다고 할 수 있어요!

한자 성어 더 보기

유의어	수시응변(隨時應變), 임시응변(臨時應辯)
반의어	백년대계(百年大計)

대응에 관한 한자 성어

- **고식지계**(姑息之計) : 당장 편한 것만 택하다.
- **동족방뇨**(凍足放尿) : 잠깐은 괜찮지만 큰 효과가 없는 방법.
- **하석상대**(下石上臺) : 아랫돌을 꺼내서 윗돌을 괴다.

> 📌 **임기응변 이야기**

수나라 말기, 나라에서 반란군이 일어났어요. 이밀과 왕세충, 훗날 당나라 고조가 되는 이연의 반란군 세력이 가장 컸지요. 곽효각은 이밀의 밑에 있다가 이연의 밑으로 들어갔답니다. 곽효각은 이연의 아들인 당 태종 이세민에게 왕세충을 무찌를 계책을 냈어요.

"약해진 왕세충은 점점 급해지고 있습니다. 이를 이용해 무뢰 지역을 방어하고 범수에 군대를 두어 상황에 따라 알맞게 행동하면 쉽게 이길 수 있습니다."

그가 말한 수기응변(隨機應變)이 바로 임기응변의 시초랍니다.

자업자득 自業自得

自 스스로 자 業 업 업 自 스스로 자 得 얻을 득

자신이 저지른 일의 결과가 자신에게 돌아오다.

비슷한 속담으로는 누워서 침 뱉기가 있어.

언제 쓰일까?

내가 한 행동이 나쁜 쪽으로 돌아올 때 쓰는 말이에요. 친구를 놀리고 도망가다가 문에 부딪히고 말았어요. 그야말로 자업자득이겠지요?

한자 성어 더 보기

유의어 사필귀정(事必歸正), 자승자박(自繩自縛), 자작자수(自作自受), 종두득두(種豆得豆)

스스로에 관한 한자 성어

- 내시반청(內視反聽) : 남을 꾸짖기보다 자신을 돌이켜 보다.
- 자수성가(自手成家) : 혼자 힘으로 성공하다.

자업자득 이야기

한나라의 무제는 이름난 왕이라는 명성처럼 나라에 찬란한 문화를 꽃피웠어요. 하지만 늙어 갈수록 난폭한 정치를 일삼았답니다. 결국 신하였던 후경이 반란을 일으켜 성을 포위했어요. 86세라는 많은 나이에 무제는 어떤 힘도 쓰지 못했답니다. 결국 외진 곳에 갇힌 무제는 비참한 대접을 받으며 쓸쓸히 삶을 보냈지요. 죽음을 앞둔 그는 이런 말을 남겼어요.

"자업자득(自業自得)이로다. 새삼 무슨 할 말이 있단 말인가."

107

자포자기 自暴自棄

自 스스로 자 暴 사나울 포 自 스스로 자 棄 버릴 기

자신을 포기하고 돌보지 않는다.

백기는 항복을 뜻해.

언제 쓰일까?

"나는 몰라! 될 대로 되라지!" 자포자기는 모든 것을 포기한 상황을 뜻해요. 이런 모습과 달리 실패하더라도 끝까지 노력하는 모습이 더 좋지 않을까요? 지레 자포자기하기보다요.

한자 성어 더 보기

유의어	대실소망(大失所望), 망연자실(茫然自失), 망자비박(妄自菲薄)
반의어	자강불식(自强不息)

자포자기 이야기

《맹자》의 〈이루〉에 이런 이야기가 나와요.
"스스로 해치는 사람과 더불어 말할 수 없고 스스로 버리는 사람과 더불어 행동할 수 없다. 입만 열면 예와 덕을 헐뜯는 것을 스스로 해친다 하고 덕의 가치를 알면서도 인과 의를 자기와 관계없다 생각하는 것을 스스로 버린다고 한다. 덕의 기본인 인(仁)은 편안한 집이고 올바른 도리인 의(義)는 사람이 걸어야 할 바른 길이다. 편안한 집에 머무르지 않고 바른 길을 걷지 않는 것은 안타깝고 슬픈 일이 아닌가."
이처럼 맹자는 예와 덕을 헐뜯는 자포(自暴)와 인의로 행동하지 않는 자기(自棄)와는 행동할 수 없다고 생각했어요.

작심삼일 作心三日

作 만들 작　心 마음 심　三 석 삼　日 날 일

마음먹은 일이 3일을 가지 못하다.

작심은 마음을 단단히 먹는다는 뜻이야.

언제 쓰일까?

1월 1일이면 새해 목표를 세워요. 이렇게 세운 목표는 하루나 이틀은 지키기 쉽지만 3일째부터 점점 지키기 힘들어요. 그래도 작심삼일이 안 되도록 꾸준히 노력해야겠지요?

한자 성어 더 보기

유의어	조령모개(朝令暮改), 조변석개(朝變夕改)
반의어	초지일관(初志一貫)

결심에 관한 한자 성어

- 배수지진(背水之陣) : 어떤 일을 이루려고 물러나지 않다.
- 백절불요(百折不撓) : 어떤 어려움에도 굽히지 않다.

작심삼일 이야기

작심삼일은 조선 시대의 문신 류성룡과 관계있는 사건에서 왔다고 해요. 고려 시대에는 나라의 정책이 자주 바뀌었는데 조선 시대에 와서도 달라지지 않았어요. 조선 시대 중기, 류성룡은 각 고을에 공문을 보냈어요. 사흘 뒤 역시나 공문 내용을 바꾸는 일이 생겼지요. 먼저 보낸 공문을 도로 가져오라고 지시하자마자 역리가 공문을 갖고 오지 않겠어요? 어떻게 공문을 빠르게 갖고 왔는지 이유를 묻자 역리는 이렇게 말했어요.
"어차피 3일 뒤에 고치실 듯하여 보내지 않았습니다."

적반하장 賊反荷杖

賊 도둑 적 反 돌이킬 반 荷 꾸짖을 하 杖 지팡이 장

잘못한 사람이 오히려 크게 화내다.

뿌웅

도둑이 매를 든다는 뜻이야.

언제 쓰일까?

자신이 잘못을 저지르고도 오히려 화내는 상황을 비유한 말이에요. 실수했을 때 당황하는 마음은 알겠지만⋯⋯ 잘못한 사람이 먼저 화내면 안 되겠지요?

한자 성어 더 보기

유의어	주객전도(主客顚倒)
반의어	이덕보원(以德報怨)

화에 관한 한자 성어

- **비분강개**(悲憤慷慨) : 슬픔과 분노에 마음이 북받치다.
- **함분축원**(含憤蓄怨) : 화를 품고 원한을 쌓다.

* 유분수의 분수는 사람이 이를 수 있는 한계를 뜻해요.

적반하장 이야기

적반하장은 조선 인조 때의 학자 홍만종이 지은 책 《순오지》에 나와요. '도둑이 도리어 몽둥이를 든다는 것은 잘못한 이가 오히려 상대를 업신여기고 성내는 것(賊反荷杖 以比理屈者反自陵轢)을 빗댄 말'로 풀 수 있지요. 남의 집에 물건을 훔치려고 들어간 도둑이 주인에게 들키고 말았어요. 주인이 도둑이라며 소리치자 사람들이 몰려왔지요. 도둑은 몽둥이를 들고 "도둑놈 잡아라."라며 도둑이 아닌 척했다지 뭐예요? 적반하장은 중국이나 일본이 아닌 우리 고유의 고사성어이기도 하답니다.

전전긍긍 戰戰兢兢

戰 싸움 전 戰 싸움 전 兢 떨릴 긍 兢 떨릴 긍

두려움에 겁을 먹고 움츠리다.

싸움에 겁을 먹고 두려워한다는 뜻이야.

언제 쓰일까?

겁을 먹고 떠는 모습을 비유한 말이에요. 큰 대회를 앞두고 있거나 엄청난 잘못을 했다면 아무리 강심장이라고 해도 벌벌 떨 거예요. 잘못했을 때는 숨기지 말고 솔직하게 사과하는 게 좋고요.

한자 성어 더 보기

유의어	노심초사(勞心焦思), 여리박빙(如履薄氷), 전전반측(輾轉反側)
반의어	뇌락장렬(磊落壯烈), 태연자약(泰然自若)

전전긍긍 이야기

전전긍긍은 중국의 최초 시가집인 《시경》에 나오는 표현이에요.

사람은 맨손으로 호랑이를 잡지 못하고
걸어서 황허강을 건너지 못한다.
사람들이 하나는 알지만
그 외의 나머지 것들은 알지 못한다.
두려움에 전전긍긍(戰戰兢兢)하며 떨기를
마치 깊은 연못에 빠진 듯하고
얇은 얼음을 밟은 듯하다.

전화위복 轉禍爲福

轉 구를 전　禍 재앙 화　爲 할 위　福 복 복

재앙이 복이 되다.

안 좋은 일이 계기가 되어 좋은 일이 생긴다는 뜻이야.

장애물

언제 쓰일까?

고난에 빠져도 계속 노력하면 더 좋은 결과를 얻고는 해요. "위기가 기회가 된다!"라는 말을 잊지 말고 힘든 일이 닥쳐도 포기하지 마세요. 여러분에게 찾아온 위기가 어떻게 바뀔지 모르니까요.

한자 성어 더 보기

유의어	반화위복(反禍爲福), 화전위복(禍轉爲福)
반의어	호사다마(好事多魔)

복에 관한 한자 성어

- 원화소복(遠禍召福) : 화를 물리치고 복을 불러들이다.
- 유복지인(有福之人) : 복이 있는 사람.

전화위복 이야기

중국의 춘추 전국 시대는 수많은 나라가 힘을 겨루던 혼란스러운 시대였어요. 그 가운데 가장 강한 나라는 서쪽의 진나라였지요. 이에 동쪽의 나머지 조·위·한·제·연·초나라가 동맹을 맺고 진나라에 맞섰어요. 이 여섯 나라의 재상을 지낸 '소진'이라는 사람이 있었어요. 그가 한 이야기에서 '전화위복'이라는 말이 나왔답니다.

"옛날에 일을 잘 처리한 사람은 화를 바꾸어 복으로 만들었고(轉禍爲福) 실패를 바꾸어 공으로 만들었소(因敗爲功)."

조삼모사 朝三暮四

朝 아침 조 　三 석 삼 　暮 저물 모 　四 녁 사

아침에 3개, 저녁에 4개.

> 술수를 써서 다른 사람을 현혹한다는 뜻도 있어.

언제 쓰일까?

언뜻 보기에는 차이가 있지만 알고 보면 결과가 같다는 뜻이에요. 또는 꾀를 내어 우둔한 사람을 속인다는 뜻도 있어요. 조삼모사와 같은 잔꾀에 속지 않도록 신중하게 생각하고 행동해야 해요.

한자 성어 더 보기

유의어 감언이설(甘言利說)

원숭이에 관한 한자 성어

- **원비지세**(猿臂之勢) : 상황이 좋으면 나아가고 나쁘면 물러서다.
- **의마심원**(意馬心猿) : 고민으로 마음이 흐트러지다.

블루
내일은 숙제하고 놀기로 했지?

바바
바바는 숙제하기 싫어!

래비
벌써부터 힘이 빠지는 것 같아……

블루
그럼 먼저 놀고 나중에 숙제하면 어때?

몽스
오, 좋아! 놀자, 놀자!

블루
조삼모사네. 숙제하고 노나, 놀고 숙제하거나 똑같은데.

조삼모사 이야기

송나라의 저공은 원숭이를 여러 마리 키웠어요. 그는 원숭이의 이야기를 알아들을 만큼 원숭이를 좋아했답니다. 그런데 원숭이의 수가 늘어나면서 먹이인 도토리를 구하기 힘들어졌어요. 결국 원숭이에게 주는 도토리를 줄여야 했지요. 고민 끝에 저공은 이렇게 말했어요.
"내일부터 도토리를 아침에는 3개, 저녁에는 4개만 주겠다."
원숭이들은 마구 화를 냈어요. 그 모습에 저공은 다시 이렇게 말했답니다.
"그렇다면 아침에 4개를 주고 저녁에 3개를 주마."
그 말에 원숭이들은 손뼉을 치며 좋아했어요.

죽마고우 竹馬故友

竹 대 죽 馬 말 마 故 연고 고 友 벗 우

어렸을 때부터 친한 친구.

죽마는 대나무로 만든 놀이 기구야.

언제 쓰일까?

어렸을 때부터 함께 가깝게 지낸 친구를 뜻해요. 오랜 시간을 같이 보낸 친구는 보물만큼 소중하답니다. 여러분의 고민과 기쁨을 함께해 줄 테니까요.

한자 성어 더 보기

유의어   죽마구우(竹馬舊友), 죽마지우(竹馬之友)

대나무에 관한 한자 성어

- 우후죽순(雨後竹筍) : 솟아난 죽순처럼 무성하게 생기는 모습.
- 죽두목설(竹頭木屑) : 대나무 부스러기처럼 쓸모없는 물건.

죽마고우 이야기

죽마고우는 동진의 환온과 은호의 이야기에서 나왔어요. 전쟁에서 크게 이기고 돌아온 환온은 백성들 사이에서 인기가 높아졌어요. 이를 경계한 황제는 환온의 친구인 은호를 장군에 임명하였답니다. 이때부터 환온과 은호는 서로 시기했어요. 이후 은호가 전쟁에서 크게 지고 말았어요. 환온은 때를 놓치지 않고 황제에게 글을 올려 그를 내쫓았답니다. 환온이 끝까지 돕지 않았기에 은호는 귀양지에서 생을 마쳐야 했어요. 환온은 사람들에게 늘 이렇게 말하곤 했답니다.
"나는 어릴 때 은호와 죽마를 타고 놀았다네. 은호는 내가 타다 싫증 난 죽마를 주워 타곤 했지. 그러니 그가 내 밑에서 머리를 조아려야 함은 당연하지 않은가."

지피지기 知彼知己

知 알 지 彼 저 피 知 알 지 己 몸 기

상대를 알고 나를 알아야 한다.

싸울 상대를 알면 백번 싸워도 위태롭지 않아!

언제 쓰일까?

전쟁에 나가기 전에 상대를 알고 나를 알아야 한다는 뜻이에요. 나를 알고 적을 알면 질 수 없다! 그만큼 '전략'이 중요하다는 뜻이지요.

한자 성어 더 보기

유의어	소향무적(所向無敵), 지적지아(知敵知我)
반의어	일패도지(一敗塗地)

전쟁에 관한 한자 성어

- **귀마방우**(歸馬放牛) : 전쟁이 끝나 평화로운 모습.
- **임전무퇴**(臨戰無退) : 싸움에서 물러섬이 없다.
- **파부침선**(破釜沈船) : 죽을 각오로 싸우다.

> **지피지기 이야기**

중국의 춘추 전국 시대, 오나라 왕 합려를 도운 손무는 뛰어난 병법가였어요. 《오자》를 쓴 오기와 더불어 병법의 시조라 불리고 있지요. 지피지기는 손무가 지은 병서 《손자》의 〈모공〉에 나와요. 〈모공〉에는 적군에게 이기는 여러 방법이 적혀 있어요. 그 가운데 가장 유명한 구절은 이렇습니다.

"적군을 알고 아군을 알면 백번 싸워도 위태하지 않다(知彼知己百戰不殆)."

천고마비 天高馬肥

天 하늘 천 高 높을 고 馬 말 마 肥 살찔 비

하늘은 높고 말은 살찌는 계절.

언제 쓰일까?

풍요로운 가을을 뜻하는 고사성어예요. 추수하는 계절인 가을에는 먹을 것이 풍부하지요. 가을은 날씨도 적당히 선선한 좋은 계절이랍니다.

한자 성어 더 보기

| 유의어 | 추고마비(秋高馬肥) |

가을에 관한 한자 성어

- 만고천추(萬古千秋) : 오래고 영원한 세월.
- 장장추야(長長秋夜) : 기나긴 가을밤.
- 춘화추월(春花秋月) : 자연의 아름다움을 이르다.

천고마비 이야기

천고마비는 당나라의 시인 두심언이 지은 시에서 나온 말이에요. 원래는 '추고 새마비'라고 쓰였지만 이후에 '천고마비'라는 말을 더 자주 썼어요. 다음의 시는 두심언이 친구 소미도가 변방에서 빨리 돌아오기를 바라며 지은 시랍니다.

구름은 깨끗한데 요망한 별이 떨어지고
가을 하늘이 높으니 변방의 말이 살찌는구나(秋高塞馬肥, 天高馬肥).
말 안장에 의지하여 영웅의 칼은 움직이고
붓을 휘두르니 승전보가 날아오는구나.

청천벽력 靑天霹靂

靑 푸를 청 **天** 하늘 천 **霹** 벼락 벽 **靂** 벼락 력

맑은 하늘에 날벼락.

평화로운 때 갑자기 일어난 큰 사건을 뜻해.

언제 쓰일까?

선생님이 쪽지 시험을 보자고 말씀하셨어요. 이렇게 갑자기? 준비를 하나도 못 한 친구는 당황스럽겠지요? 정말 청천벽력 같은 말이 아닐 수 없어요.

한자 성어 더 보기

유의어　경천동지(驚天動地)

벼락에 관한 한자 성어

- **뇌봉전별**(雷逢電別) : 천둥처럼 만나고 번개처럼 작별하다.
- **부화뇌동**(附和雷同) : 주관 없이 남의 의견에 따라가는 사람.

청천벽력 이야기

청천벽력은 송나라의 시인 육유의 시에서 나온 말이에요. 오래 병을 앓던 육유는 어느 날 다 나은 듯 몸이 가벼웠어요. 그때 쓴 시에 여전히 몸이 따라 주지 않는 슬픔을 담았답니다.

방옹이 병으로 가을을 지내고 홀연히 일어나 술에 취한 듯 글을 쓰니
마치 오래 움츠렸던 용과 같이 푸른 하늘에 벼락이 치네(靑天霹靂).

이 시에서 청천벽력은 글씨가 막힘이 없다는 뜻으로 쓰여요. 나중에 "갑자기 큰 변을 당하다."라는 뜻으로 바뀌었답니다.

토사구팽 兎死狗烹

兎 토끼 토 死 죽을 사 狗 개 구 烹 삶을 팽

토끼 사냥이 끝나면 사냥개를 삶아 먹는다.

필요가 없어져 야박하게 버린다는 뜻이야.

언제 쓰일까?

실컷 이용하다가 필요가 없어지니 내팽개친다는 뜻이에요. 정말 의리가 없지요? 이런 조직이 있다면 언제라도 금방 망하고 말 거예요. 아무도 이런 곳에서 일하고 싶지 않을 테니까요.

한자 성어 더 보기

유의어	감탄고토(甘呑苦吐)
반의어	삼고초려(三顧草廬), 애지중지(愛之重之)

개에 관한 한자 성어
- 계명구도(鷄鳴狗盜) : 하찮은 재주도 쓰일 데가 있다.
- 당구풍월(堂狗風月) : 오래 보고 들으면 할 줄 알게 된다.

토사구팽 이야기

한나라의 한신은 전쟁에서 커다란 공을 세웠어요. 그 공을 높이 산 황제 유방이 그를 초나라의 왕으로 임명했지요. 한신의 힘이 점점 커지자 유방은 딴마음을 품었어요. 한신을 죽이려고 했거든요. 유방이 연 잔치에 초대받은 한신은 자신을 죽이려는 계획을 알아챘어요. 그래서 자신이 숨겨 주고 있던 항우의 장수 종리매를 바치기로 했어요. 배신을 당한 종리매는 한신도 자기처럼 버림받을 거라는 말을 남기고 목숨을 끊었어요. 종리매가 죽었다는 소식을 듣고 유방은 한신을 붙잡으라고 명령했어요. 잡혀온 한신은 끝내 버림을 받자 이렇게 말했어요.
"토끼를 사냥하고 나면 사냥개는 삶아 먹힌다더니 정말 그러하구나."

파죽지세 破竹之勢

破 깨뜨릴 파 竹 대 죽 之 갈 지 勢 형세 세

대나무를 쪼개는 듯한 기세.

맹렬하게 앞으로 나아가는 모습이기도 해.

언제 쓰일까?

칭기즈 칸은 몽골을 넘어 동서양에 걸쳐 역사상 가장 넓은 땅을 정복했어요. 거침없이 전진하는 맹렬한 그 기세에 적들은 감히 맞설 수 없었답니다. 파죽지세는 이런 사나운 기세를 뜻하는 말이에요.

한자 성어 더 보기

유의어	세여파죽(勢如破竹), 요원지화(燎原之火)
반의어	난공불락(難攻不落), 욕파불능(欲罷不能)

기세에 관한 한자 성어

- **일사천리**(一瀉千里) : 거침없이 진행되다.
- **흔천동지**(掀天動地) : 큰 세력과 기세를 떨치다.

파죽지세 이야기

진나라의 장군 두예가 오나라를 공격하기 위한 작전 회의를 열었어요. 회의에서 한 장군이 장마 때 불어날 강물을 걱정하며 겨울에 다시 공격하자고 제안했어요. 그 말을 들은 두예는 고개를 저으며 말했어요.
"우리 군사의 기세가 대나무를 쪼개는 듯하오. 대나무는 처음 한두 마디만 쪼개면 힘을 주지 않아도 저절로 갈라지지. 우리 군사의 기세가 오른 지금이 공격할 적기요."
그 말처럼 두예는 군사를 이끌고 오나라를 쳤어요. 맹렬한 기세에 오나라는 속수무책으로 당했답니다.

형설지공 螢雪之功

螢 반딧불이 형 雪 눈 설 之 갈 지 功 공 공

반딧불이와 눈의 빛으로 공부하다.

여기에서 나오는 눈은 하늘에서 내리는 눈이야.

언제 쓰일까?

가난한 환경에서도 열심히 공부한다는 뜻이에요. 어려운 상황에서도 꺾이지 않고 공부한다면 무엇이든지 이룰 수 있을 거예요.

한자 성어 더 보기

유의어 불철주야(不撤晝夜), 수불석권(手不釋卷), 주경야독(晝耕夜讀)

책에 관한 한자 성어

- 독서삼매(讀書三昧) : 책 읽기에만 몰두하다.
- 위편삼절(韋編三絕) : 책의 끈이 끊어질 만큼 열심히 책을 읽다.

🚩 형설지공 이야기

가난한 집안에서 태어난 차윤은 공부에 대한 열정이 대단했어요. 어느 날 등불을 밝힐 기름이 떨어지고 말았어요. 기름을 살 돈이 없던 차윤은 고민하다가 창밖에서 빛나는 반딧불이를 보았어요. 반딧불이를 여러 마리 잡아 얇은 주머니에 넣은 뒤 그 빛으로 공부했답니다. 가난한 집안에서 태어난 손강도 어렵기는 마찬가지였어요. 손강은 창밖에 쌓인 눈에서 반사된 빛으로 공부했어요. 차윤과 손강은 포기하지 않고 반딧불이의 빛과 눈의 빛으로 공부하여 훌륭한 학자가 되었답니다.

호시탐탐 虎視眈眈

虎 범호 視 볼시 眈 노려볼 탐 眈 노려볼 탐

호랑이가 눈을 매섭게 뜨고 먹이를 노리다.

탐탐은 노려본다는 뜻이야.

언제 쓰일까?

적절한 기회를 노리는 모습을 가리킬 때 쓰는 말이에요. 행동하기에 가장 좋은 순간을 숨죽여 기다리는 것이지요. 때가 오면 살금살금 다가가 확! 절대 기회를 놓치지 않아요!

한자 성어 더 보기

호랑이에 관한 한자 성어

- **기호지세**(騎虎之勢) : 도중에 물러서거나 그만둘 수 없다.
- **호가호위**(狐假虎威) : 남의 힘을 빌려 위세를 부리다.
- **호사유피**(虎死留皮) : 사람은 죽어서 명예를 남긴다.

몽스
내 쿠키! 내 쿠키 어디 갔어!

블루
너희 아빠가 홍콩에서 사 온 쿠키?

몽스
범인은 쿠키를 호시탐탐 노리던 래비!

래비
억울해! 나 아니라고.

몽스
거짓말 마. 항상 네가 범인이었잖아.

래비
이번에는 나 진짜 아니야.

쿠키 옷장에 넣었잖아?

헛, 맞다!

나 아니라고 했잖아!

미안!

사과하는 뜻에서 다 같이 먹자.

몽스 음식 좀 그만 뺏어 먹어.

그, 그치만 맛있는걸?

호시탐탐 이야기

《주역》의 이괘에 나오는 말이에요. 주역을 이루는 64괘에 '이'라는 괘가 있어요. 이괘는 사람이 음식을 먹을 때 입 모양을 닮았답니다. 그래서 이괘는 음식을 먹고 생명을 보존한다는 뜻이 있어요. 이괘의 효사(괘를 이루는 효를 풀이한 말)에 이런 말이 나와요.
"거꾸로 길러져도 좋다. 호랑이처럼 노려보고(虎視耽耽) 그 욕심이 한이 없더라도 상관없다."

화룡점정 畫龍點睛

畫 그림 화 龍 용 룡 點 점 점 睛 눈동자 정

용의 그림에서 마지막으로 눈동자를 그리다.

훌륭한 일의 완벽한 마무리.

언제 쓰일까?

6학년을 알차게 보낸다면 초등학교의 완벽한 마무리겠지요? 당연히 공부도, 학급 회의도, 봉사활동도 열심히! 친구들과 놀기도 열심히 하고요! 훌륭하게 마침표를 찍어 보자고요.

한자 성어 더 보기

유의어	금상첨화(錦上添花)
반의어	농교성졸(弄巧成拙), 화사첨족(畫蛇添足)

용에 관한 한자 성어

- 도룡지기(屠龍之技) : 쓸모없는 기술을 뜻한다.
- 용미봉탕(龍味鳳湯) : 매우 맛있는 요리.

화룡점정 이야기

양나라의 장승요는 그림을 잘 그렸어요. 어느 날 그는 안락사라는 절에서 용 그림을 부탁받았어요. 장승요는 화려한 실력으로 장엄한 용을 그렸어요. 그가 다 그린 용들의 눈은 비어 있었어요. 사람들이 왜 용의 눈을 완성하지 않냐고 묻자 그는 이렇게 답했어요.

"눈을 그리면 용이 날아가 버릴 거요."

눈을 그려 달라는 성화에 못 이겨 장승요가 용에 눈을 그려 넣을 때였어요. 그리는 순간 벽에서 용이 나와 하늘로 날아가 버렸어요. 벽에는 눈을 그리지 않은 용들만 남아 있었답니다.

각양각색 各樣各色

各 각각 樣 모양 양 各 각각 色 빛 색

다양한 모습.

사물과 사람 모두에게 쓸 수 있는 표현이야.

언제 쓰일까?

과일 가게에는 사과·포도·파인애플·귤처럼 다양한 과일이 있어요. 서점에는 소설·만화·잡지처럼 다양한 책이 있어요. 각양각색은 색과 모양이 다양하다는 뜻이에요.

한자 성어 더 보기

| 유의어 | 각인각색(各人各色), 각인각양(各人各樣), 백인백색(百人百色), 형형색색(形形色色) |

각양각색의 사람들

지구에 사람이 몇 명이나 살고 있을까요? 놀라지 마세요. 무려 70억 명이 살고 있답니다. 이 70억 명 모두 각기 다른 매력이 있어요. 키가 큰 사람도 있고 작은 사람도 있어요. 피부색이 어두운 사람도 있고 밝은 사람도 있어요. 어떤 사람은 영어를 쓰고 어떤 사람은 한국어를 써요. 이렇게 다양한 사람이 모여 사는 지구를 마을처럼 여겨서 '지구촌'이라고 해요. 지구촌의 일원이라면 나와 다른 사람에게 있는 차이점을 이해하고 존중해야 한답니다. 이 지구촌에서 각양각색의 사람이 함께 어울려 산다니 정말 근사하지 않나요?

갑론을박 甲論乙駁

甲 갑옷 갑 **論** 논할 론 **乙** 새 을 **駁** 논박할 박

한 사람이 논하면 다른 사람이 반박한다.

첫 번째 사람을 '갑', 두 번째 사람을 '을'이라고 해.

언제 쓰일까?

여러분은 초코 아이스크림과 딸기 아이스크림 가운데 무엇을 고르겠나요? 어떤 아이스크림이 더 맛있다고 갑론을박이 벌어지겠네요! 갑론을박은 서로 자기주장을 내세워 상대의 주장에 반대하는 것을 말해요.

한자 성어 더 보기

| 유의어 | 양시쌍비(兩是雙非) |

논쟁에 관한 한자 성어

- **견강부회**(牽強附會) : 억지 주장으로 자신이 옳다고 하다.
- **탕탕평평**(蕩蕩平平) : 시비나 논쟁에서 치우치지 않고 공평하다.

토론과 토의는 어떻게 다를까?

'토론'은 찬성과 반대로 나눠서 자신의 주장을 펼치는 말하기예요. 이와 달리 '토의'는 찬성과 반대 없이 공통된 좋은 결과를 위해 의견을 주고받는 말하기예요. 이를테면 '토론'의 주제로 "저녁으로 삼겹살을 먹을까?"를 들 수 있어요. 삼겹살을 먹고 싶은 사람은 찬성하는 이유를 말해요. 삼겹살을 먹기 싫은 사람은 반대하는 이유를 말해요. '토의'의 주제로 "오늘 저녁은 무엇을 먹을까?"를 들 수 있어요. 한 사람씩 돌아가며 삼겹살, 떡볶이 등등 각자 먹고 싶은 메뉴를 말해요. 그다음 '맛있는 저녁'이라는 공통 결과를 위해 가장 좋은 메뉴로 결정해요. 자, 이제 토론과 토의가 헷갈리지 않겠지요?

견원지간 犬猿之間

犬 개 견 猿 원숭이 원 之 갈 지 間 사이 간

개와 원숭이 같은 원수 사이.

원숭이는 개와도 사이가 나쁘다고?

언제 쓰일까?

보기만 해도 서로 으르렁거리는 사이를 두고 '견원지간'이라고 해요. 개와 원숭이처럼 사이가 나쁘다는 뜻이에요. 진짜로 개와 원숭이의 사이가 안 좋은지는 알 길이 없지만요.

한자 성어 더 보기

유의어	견묘지간(犬猫之間), 빙탄지간(氷炭之間)
반의어	관포지교(管鮑之交), 막역지우(莫逆之友)

우정에 관한 한자 성어

- 담수지교(淡水之交) : 교양 있는 군자의 우정.
- 백아절현(伯牙絶絃) : 참다운 벗의 죽음을 슬퍼하다.

🏷️ 원숭이와 게가 싸운 이야기

원숭이와 게가 떡을 만들고 있었어요. 떡이 완성되자 원숭이가 떡을 모두 들고 나무 위로 올라가 버렸어요. 게는 같이 나눠 먹자고 했지만 원숭이는 아랑곳하지 않았어요. 혼자서 떡을 먹던 원숭이는 손을 잘못 짚어 떡을 몽땅 떨어뜨리고 말았답니다. 게는 떨어진 떡을 냉큼 주워 굴속으로 들어갔지요. 이번에는 원숭이가 게에게 같이 먹자고 했어요. 게가 들어줄 턱이 있나요? 화난 원숭이는 굴에 엉덩이를 대고 방귀를 뀌었어요. 지독한 냄새에 게는 앞발로 원숭이의 엉덩이를 꼬집었지요. 그 바람에 부어오른 원숭이의 엉덩이는 지금도 빨갛답니다. 게의 앞발에는 원숭이의 털이 붙어 있고요.

기고만장 氣高萬丈

氣 기운 기　高 높을 고　萬 일만 만　丈 어른 장

일이 잘될 때, 우쭐대며 뽐내는 모습.

기운이 만 장이나 될 정도로 높다는 뜻이야.

언제 쓰일까?

기고만장은 우쭐대는 모습을 비유한 말이에요. 보통 자만함을 나타낼 때 쓰인답니다.
"옆 반이 체육 대회에서 1등을 하더니 무용담을 늘어놓네. 저 기고만장한 모습 좀 봐!"

한자 성어 더 보기

유의어	기세등등(氣勢騰騰), 의기양양(意氣揚揚), 호기만장(豪氣萬丈)
반의어	노안비슬(奴顔婢膝)

자만에 관한 한자 성어

- **자고자대**(自高自大) : 스스로를 치켜세우며 잘난 체하다.

기고만장한 모기 이야기

배고픈 모기가 피를 빨기 위해 곰에게 다가갔어요. 곰은 모기가 성가셔 슬그머니 피했어요. 모기는 저 멀리 있는 멧돼지에게 다가갔어요. 멧돼지도 귀찮은 모기를 피했어요. 심지어 사자도요. 모기는 모두가 자신을 두려워한다고 생각했어요. 그리고 동물의 왕이 되었다고 생각했지요. 그 모습을 지켜보던 거미가 모기에게 말했어요.
"힘센 네 이야기가 궁금해. 이리 와서 자세하게 말해 줘."
곤충들은 모기에게 다가가지 말라고 경고했어요. 기고만장해진 모기는 겁 없이 거미에게 다가갔어요. 결국 거미줄에 걸려 잡아먹히고 말았답니다.

다사다난 多事多難

多 많을 다　事 일 사　多 많을 다　難 어려울 난

일도 많고 어려움도 많다.

올해는 다사다난한 1년이었어.

언제 쓰일까?

학교에 가려고 버스를 탔어요. 그런데 교통 카드를 놓고 왔지 뭐예요? 걸어서 겨우 학교에 도착했는데 이번에는 교실 문턱에 발이 걸려 넘어졌어요. 아침부터 일들이 터지다니. 정말 다사다난한 아침이네요.

한자 성어 더 보기

유의어	내우외환(内憂外患), 다사다망(多事多忙)
반의어	탄탄대로(坦坦大路)

문제에 관한 한자 성어

- **도외치지**(度外置之) : 문제 등을 마음에 담지 않다.
- **차치물론**(且置勿論) : 내버려 두어 문제 삼지 않다.

다사다난한 한글의 탄생

10월 9일은 무슨 날일까요? 맞아요! 세종대왕이 한글을 만든 한글날이에요. 한글이 만들어지기 전에는 중국의 한자를 빌려 썼어요. 한자는 양반들만 쓰고 백성들은 어려워서 쓸 수 없었어요. 그래서 세종대왕은 모든 백성이 글을 읽고 쓸 수 있도록 한글을 만들었답니다. 신하인 양반들은 이를 강하게 반대했어요. 그 무수한 반대에서 오는 온갖 어려움에도 세종대왕은 한글을 만드는 데 성공했어요. 그 결과, 한글은 우리만의 자랑스러운 글자로 자리매김하였답니다.

독불장군 獨不將軍

獨 홀로 독 　不 아니 불 　將 장수 장 　軍 군사 군

모든 일을 자기 마음대로 하려는 사람.

장군이 들어가지만 좋은 말은 아니야.

언제 쓰일까?

자기 마음대로 모든 것을 하려는 사람을 뜻해요. 자기주장이 지나치게 강한 사람은 이것도 마음대로, 저것도 마음대로! 남의 말을 듣지 않고 순 자기 멋대로 해서 사람들과 문제가 생겨요.

한자 성어 더 보기

유의어 고집불통(固執不通), 유아독존(唯我獨尊)

태도에 관한 한자 성어

- 백절불굴(百折不屈) : 어려움에도 꺾이지 않다.
- 후안무치(厚顏無恥) : 부끄러움을 모르다.

독불장군 양의 이야기

뉴질랜드에 사는 양 슈렉은 국민에게 사랑을 받는 양이었어요. 양은 스스로 털갈이를 하지 못해요. 그래서 사람이 때마다 털을 깎아 줘야 해요. 털을 깎는 걸 너무 싫어했던 슈렉은 농장에서 몰래 도망쳐 동굴에서 숨어 지냈어요. 무려 6년이나요! 행복도 잠시, 슈렉은 6년 만에 산속 동굴에서 발견되었어요. 이때 슈렉은 털이 너무나 많이 자라 하얀 공 같았다고 해요. 6년 만에 털을 깎은 슈렉에게서 20명의 옷을 만들 수 있을 만큼 많은 털이 나왔답니다.

동고동락 同苦同樂

同 한가지 동　苦 쓸 고　同 한가지 동　樂 즐길 락

괴로움도 즐거움도 함께하다.

언제 쓰일까?

여러분은 친한 친구와 함께 칭찬을 받기도 하고 같이 혼나기도 하지요? 동고동락은 기쁨도 슬픔도 함께한다는 뜻이에요.

한자 성어 더 보기

유의어 여민동락(與民同樂), 여민해락(與民偕樂)

슬픔과 즐거움에 관한 한자 성어

- 단장(斷腸) : 창자가 끊어지는 듯한 슬픔.
- 희희낙락(喜喜樂樂) : 매우 기뻐하다.

조선 시대 동고동락한 인물들의 이야기

조선에서 제일가는 죽마고우는 오성과 한음을 들 수 있어요. 오성 이항복과 한음 이덕형은 1580년부터 친분을 쌓아 동고동락한 오랜 친구랍니다. 두 사람은 같은 해에 과거 시험에 합격했고요. 평생 동고동락하며 조선 시대의 대표 죽마고우로 알려져 있어요. 실록에도 나와 있는 두 사람의 일화는 전해지는 이야기로만 무려 200여 편이에요. 이 많은 이야기에서 두 인물의 깊은 우정을 짐작해 볼 수 있지요.

동문서답 東問西答

東 동녘 동 問 물을 문 西 서녘 서 答 대답 답

동쪽을 물어보는데 서쪽을 답하다.

언제 쓰일까?

"잠시 쉬었다가 가자", "뭐어? 잠실역에 가자고?"
이런! 친구의 질문에 생뚱맞게 답했네요. 이렇게 질문에 맞지 않는 엉뚱한 대답을 동문서답이라고 해요.

한자 성어 더 보기

유의어	문동답서(問東答西)
반의어	단도직입(單刀直入)

대답에 관한 한자 성어

- 일문일답(一問一答) : 한 번 물음에 한 번 대답하다.
- 필문필답(筆問筆答) : 글로 써서 묻고 답하다.

재미있는 동문서답 게임

친구들과 동문서답 게임을 해 볼까요? 규칙은 간단해요. 한 친구가 "이름이 뭐야?"와 같은 질문을 해요. 다른 친구는 질문에 동문서답으로 대답해야 해요. "생선은 맛있어."처럼요. "내 이름은 몽스야."라고 대답했다면? 땡! 틀렸습니다. 동문서답이 아니라 올바른 답을 했으니까요. 이렇게 번갈아 가며 질문과 답을 하면 된답니다. "오늘 뭐 먹었어?" "서점에 갔어." "좋아하는 색은?" "내일 숙제가 있어."처럼요. 그럼 즐겁게 동문서답 게임을 해 볼까요?

막상막하 莫上莫下

莫 없을 막　上 윗 상　莫 없을 막　下 아래 하

수준이 비슷하여 우열을 가리기가 어렵다.

위도 없고 아래도 없다는 뜻이야.

언제 쓰일까?

태권도를 배운 지 29일이 된 친구와 30일이 된 친구 가운데 누가 더 잘할까요? 막상막하는 이렇게 큰 차이가 나지 않고 비등비등한 수준을 비유하는 말이에요.

한자 성어 더 보기

유의어	난형난제(難兄難弟), 백중지세(伯仲之勢), 호각지세(互角之勢)
반의어	천양지차(天壤之差)

인기가 막상막하, 콜라와 사이다

"음료는 콜라로 하시겠어요, 사이다로 하시겠어요?"
콜라와 사이다는 우열을 가릴 수 없는 음료계의 라이벌이에요. 그만큼 많은 사람이 콜라와 사이다를 좋아한답니다. 인기 많은 콜라와 사이다 같은 탄산음료에는 설탕이 많이 들어 있어서 너무 자주 마시면 좋지 않아요. 마신 뒤에 이를 닦지 않으면 충치가 생길 수도 있고요. 그러니 적당히 마시고 양치질도 잊지 말아요!

만사형통 萬事亨通

萬 일만 만　事 일 사　亨 형통할 형　通 통할 통

모든 일이 뜻대로 되다.

만사는 '온갖 일들'이라는 뜻이야.

언제 쓰일까?

만사형통은 모든 일이 바라는 대로 잘된다는 뜻이에요. 그래서 새해가 오면 "만사형통하세요."라는 인사말을 주고받는답니다. 앞으로 여러분도 하는 일이 모두 잘되기를 바라요!

한자 성어 더 보기

유의어	만사여의(萬事如意), 입춘대길(立春大吉)
반의어	매사불성(每事不成)

새해에 관한 한자 성어

- **근하신년**(謹賀新年) : 새해를 축하하다.
- **송구영신**(送舊迎新) : 묵은해를 보내고 새해를 맞다.

새해 만사형통을 위한 풍습

우리나라는 새해를 맞이하여 가족과 지인, 친척과 덕담을 나누고 음식으로는 맛있는 떡국을 먹어요. 떡국에는 한 그릇 먹으면 한 살을 먹는다는 뜻이 담겨 있어요. 이웃 나라 일본은 새해가 오면 신사에 방문하여 제비를 뽑아요. 한 해의 운수가 적혀 있는 특별한 제비이지요. 중국은 새해가 오면 불꽃놀이로 나쁜 귀신을 쫓아내요. 스페인에서는 새해 카운트다운에 맞춰서 포도 알 12개를 먹어요. 1초에 하나씩 먹어야 한다니 쉽지 않겠지요.

무용지물 無用之物

無 없을 무　用 쓸 용　之 갈 지　物 물건 물

쓸모없는 물건이나, 능력이 없는 사람.

쓸모가 없어서 차라리 없는 게 나을지도.

언제 쓰일까?

뜨거운 물 없는 컵라면, 팥 없는 붕어빵, 바람 빠진 공처럼 있으나 마나 한 상황을 비유한 말이에요. 사람에게도 쓸 수 있는 표현이지만…… 매우 무례한 말이니 조심해야겠지요?

한자 성어 더 보기

유의어	무용장물(無用長物), 하로동선(夏爐冬扇)
반의어	무용지용(無用之用)

헛됨에 관한 한자 성어

- **무위도식**(無爲徒食) : 하는 일 없이 놀고 먹기만 하다.
- **허송세월**(虛送歲月) : 하는 일 없이 세월을 흘려보내다.

무용지물의 반전, 정크 아트

사람들이 마구 버린 쓰레기는 지구를 오염시키고 있어요. 요즘에는 심해지는 환경 오염을 막으려고 쓰레기를 다양하게 재활용하고 있답니다. 그 노력으로 쓰레기를 예술 작품으로 재탄생시키는 '정크 아트'가 있어요. 정크 아트 작가들은 캔으로 나비를 만들고 휴지심으로 춤추는 사람들을 만들어요. 우리나라에서도 정크 아트를 볼 수 있어요. 경주의 또봇정크아트뮤지엄에 가면 고철로 만들어진 또봇이 있다고 해요. 쓰레기라고 해서 무용지물인 줄 알았는데 이렇게 멋지게 변신하다니 정말 놀랍지 않나요?

박장대소 拍掌大笑

拍 칠 박　掌 손바닥 장　大 클 대　笑 웃을 소

손뼉을 치며 크게 웃다.

손뼉을 치면 혈액 순환이 잘돼서 몸에 좋아!

언제 쓰일까?

재미있는 이야기를 들으면 참을 수 없이 웃음이 나오지요? 아주 재미있는 이야기라면 손뼉도 치고 데굴데굴 구를 만큼 웃음이 나와요. 이럴 때 박장대소라는 말을 쓴답니다.

한자 성어 더 보기

| 유의어 | 가가대소(呵呵大笑), 파안대소(破顏大笑), 포복절도(抱腹絕倒) |

손뼉에 관한 한자 성어

- **고장난명**(孤掌難鳴) : 혼자 힘으로는 일을 이루기 어렵다.

웃으면 정말 복이 올까?

웃으면 복이 온다는 말을 들은 적 있나요? 진짜로 복이 오는지는 모르겠지만 웃으면 정말 건강해진답니다. 웃을 때 몸에서 호르몬 엔도르핀이 나거든요. 엔도르핀은 몸의 고통을 줄이고 기분을 좋게 해 주는 행복 호르몬이에요. 웃음이 좋은 이유는 엔도르핀뿐만이 아니에요. 근육 발달에도 도움이 되고 잠도 잘 오게 하며 혈액 순환도 도와줘요. 이렇게 보니 웃음은 정말 만병통치약이네요. 가만히 웃기보다 발을 구르고 손뼉을 치며 웃으면 건강에 더 좋다고 해요.

박학다식 博學多識

博 넓을 박 學 배울 학 多 많을 다 識 알 식

아는 것이 많다.

책을 많이 읽으면 박학다식해져!

언제 쓰일까?

이건 뭐야? 저건 뭐야? 어떤 질문을 해도 막힘없이 답변해 주는 친구가 있나요? 이런 친구를 보고 박학다식하다고 할 수 있어요. 똑똑한 친구의 비결은 도대체 무엇일까요?

한자 성어 더 보기

유의어	박람강기(博覽强記), 박학다재(博學多才)
반의어	이려측해(以蠡測海)

지식에 관한 한자 성어

- **격물치지**(格物致知) : 사물을 연구하며 지식을 완전하게 하다.
- **하학상달**(下學上達) : 쉬운 지식을 배워 이치를 알다.

박학다식해지는 방법

전 세계에 있는 곳을 모두 여행해 본 적 있나요? 또는 300년 전의 과거에 가 본 적은요? 그런 사람이 어디 있냐고요? 탐험가가 되거나 타임머신이 발명되지 않는 이상 이런 경험을 할 수는 없을 거예요. 하지만 직접 겪어 보지 않아도 체험할 수 있는 방법이 있답니다. 바로 '독서'를 통해서요.

책에서는 사라진 동물들을 만날 수도 있고 인체의 구석구석을 살펴볼 수도 있어요. 아마존이나 남극처럼 신비한 곳을 탐험할 수도 있고요. 집에서 이렇게 많은 경험을 할 수 있다니……. 정말 설레지 않나요?

배은망덕 背恩忘德

背 배반할 배　恩 은혜 은　忘 잊을 망　德 덕 덕

남에게 받은 은혜를 잊고 배신하다.

"입을 닦다"는 이익을 혼자 차지하고서 시치미를 뗀다는 뜻이야.

언제 쓰일까?

급한 일이 생긴 친구 대신 청소해 줬다니 착한 마음씨를 가졌네요. 그런데 내가 도와 달라고 할 때 그 친구가 모르는 척하더라고요? 이러어언! 배은망덕한 친구를 봤나!

한자 성어 더 보기

유의어	견리망의(見利忘義), 인면수심(人面獸心)
반의어	결초보은(結草報恩)

배신에 관한 한자 성어

- **교취호탈**(巧取豪奪) : 교묘한 수단으로 남의 귀중한 물건을 가로채다.
- **포장화심**(包藏禍心) : 남을 해치려는 나쁜 마음을 품다.

> 🎗️ **배은망덕한 동물 이야기**

숲속 마을에 네발 동물들의 나라와 새들의 나라가 있었어요. 두 나라는 사이가 나빠 싸우기 바빴어요. 점점 네발 동물들의 나라가 싸움에서 유리해지자 박쥐는 날개를 숨기고 네발 동물들의 왕 사자를 찾아가 자신을 받아 달라고 했어요. 얼마 뒤 새들의 나라가 싸움에서 유리해지자 박쥐는 새들의 왕 독수리를 찾아가 받아 달라고 했어요.

박쥐는 두 나라를 계속 오갔답니다. 시간이 지나고 두 나라는 화해했어요. 여기저기 옮겨 다니던 박쥐는 두 나라에서 배신자가 되었지요. 결국 아무도 없는 어두운 동굴에서 홀로 지내게 되었답니다.

비몽사몽 非夢似夢

非 아닐 비 夢 꿈 몽 似 닮을 사 夢 꿈 몽

꿈인 듯하기도 하고 꿈이 아닌 듯하기도 하다.

비몽사몽일 때는 세수가 최고!

언제 쓰일까?

따르릉따르릉. 알람이 울리자마자 침대에서 벌떡 일어나기는 너무 힘들어요. 아침이면 학교에 가야 하는데 세수하기 전까지는 언제나 비몽사몽이지요.

한자 성어 더 보기

유의어 사몽비몽(似夢非夢)

꿈에 관한 한자 성어

- **백일몽**(白日夢) : 실현될 수 없는 헛된 상상.
- **일장춘몽**(一場春夢) : 인생은 짧은 봄날의 꿈과 같다.
- **호접지몽**(胡蝶之夢) : 현실과 꿈이 구별이 안 되다.

비몽사몽한 장자의 꿈

《장자》의 〈제물론〉에 나오는 이야기예요. 어느 날, 장자가 꿈을 꾸었어요. 잠자는 나비가 되어 꽃들 사이를 즐겁게 날아다니는 꿈이었지요. 문득 잠에서 깨어 보니 장자 자신이 되어 있었습니다. 장자는 스스로가 꿈에서 나비가 된 것인지 아니면 나비가 꿈에 장자가 된 것인지 구분할 수 없었어요. 어지간히 달콤한 꿈이었을까요? 장자조차 비몽사몽한 꿈이었다니 말이에요.

169

비일비재非一非再

非 아닐 비　一 한 일　非 아닐 비　再 두 재

한두 번이 아니고 여러 번 일어나는 일이나 현상.

도시에서 비둘기 보기는 비일비재하지. 셀 수가 없을 만큼 말이야.

언제 쓰일까?

길가에서 돌멩이를 보기는 매우 쉬워요. 한두 번만 볼 수 있는 희귀한 상황이나 물건이 아니기도 해요. 이처럼 비일비재는 쉽게 볼 수 있는 일이나 상황이라는 뜻이에요.

한자 성어 더 보기

유의어	거재두량(車載斗量), 부지기수(不知其數)
반의어	유일무이(唯一無二)

보물에 관한 한자 성어

- **무가지보**(無價之寶) : 값을 매길 수 없는 보물.
- **장중보옥**(掌中寶玉) : 귀하게 여기는 존재.

거짓말이 비일비재한 양치기 소년

작은 마을에 양치기 소년이 살았어요. 하루하루가 지루했던 소년은 마을에 늑대가 나타났다고 장난을 쳤어요. 소년의 외침에 놀란 사람들이 부리나케 달려왔어요. 장난에 속아 허탈해하며 돌아가는 사람들이 재미있었던 소년은 이후에도 몇 번이나 같은 거짓말을 했어요. 사람들은 여지없이 속아 넘어갔고요. 얼마 뒤, 정말로 늑대가 나타나자 놀란 소년이 크게 외쳤어요!
"늑대가 나타났다! 정말 늑대가 나타났어요!"
사람들은 소년의 거짓말에 더는 속지 않겠다며 들은 척도 하지 않았어요. 그렇게 모든 양을 잡아먹은 늑대는 배를 채우고 마을을 떠났답니다.

사리사욕 私利私慾

私 사사 사 利 이로울 리 私 사사 사 慾 욕심 욕

사사로운 이익과 욕심.

'횡령'은 사리사욕을 채우려고 남의 돈을 몰래 쓰는 행동이야.

언제 쓰일까?

나라를 위해 일하는 공무원이 사리사욕을 채우면 어떻게 될까요? 부정부패가 생기면서 나라는 병들고 말아요. 공무원은 욕심 없는 마음으로 나라를 위해 일해야 한답니다.

한자 성어 더 보기

유의어	사리사복(私利私腹)
반의어	공명정대(公明正大), 선공후사(先公後私)

재물에 관한 한자 성어

- **매관매직**(賣官賣職) : 재물을 받고 벼슬을 주다.
- **일확천금**(一攫千金) : 단번에 많은 재물을 얻다.

사리사욕을 채운 간신 이야기

조선 시대 3대 간신으로 꼽히는 인물들이 있어요. 이들은 사리사욕을 채우려 갖가지 나쁜 일을 저질렀지요. 첫 번째는 유자광이에요. 서자로 태어난 그는 5명의 임금을 모시면서 제 앞길을 막는 사람들을 죽음으로 내몰았어요. 두 번째는 임사홍이에요. 그는 왕족의 딸과 결혼하여 왕실의 친척이 되었답니다. 하지만 모시던 임금의 뜻을 저버리고 연산군을 도와 피바람을 일으킨 사람이기도 해요. 세 번째는 김자점이에요. 인조를 임금의 자리에 올린 공으로 승승장구했지만 죄 없는 사람을 여럿 죽이는 죄를 저질렀답니다.

생면부지 生面不知

生 날 생　面 낯 면　不 아닐 불　知 알 지

한 번도 본 적 없는 낯선 사람.

면은 '얼굴'이라는 뜻도 있고 '국수의 면'이라는 뜻도 있어.

언제 쓰일까?

'한 번도 본 적 없는 사람'이라는 뜻을 담고 있어요. 생면부지의 사람이라도 나중에 동고동락하는 사이가 될지 누가 아나요?

한자 성어 더 보기

| 유의어 | 안면부지(顔面不知), 일면부지(一面不知) |

얼굴에 관한 한자 성어

- **격세안면**(隔歲顔面) : 오래 만나지 못하다 만나는 얼굴.
- **만면춘풍**(滿面春風) : 얼굴에 가득 찬 기쁜 빛.

> 모르는 사람을 구하려 한 이야기

2001년 1월 26일, 일본의 신오쿠보역에 취한 남자가 있었어요. 남자는 비틀비틀 걷다 발을 헛디뎌 선로 아래로 빠져 버렸어요. 그 모습을 본 두 사람이 남자를 구하려고 선로에 달려갔어요. 그들은 일본인 카메라맨 세키네 시로 씨와 한국인 유학생 이수현 씨였어요. 두 사람은 달려오는 기차에서 남자를 구하려고 노력했어요. 안타깝게도 달려오는 기차에 세 사람 모두 목숨을 잃고 말았답니다. 이 이야기가 알려지면서 생면부지의 사람을 구하기 위해 목숨을 건 두 사람의 행동은 많은 사람의 가슴을 울렸어요.

속수무책 束手無策

束 묶을 속 手 손 수 無 없을 무 策 채찍 책

손이 묶인 것처럼 어떠한 수도 쓸 수 없다.

음꽉달싹할 수 없는 상황을 말해.

언제 쓰일까?

곤란한 상황을 맞이했지만 아무런 수를 쓸 수 없다는 뜻이에요. 바로 앞에서 안타까운 일이 벌어지고 있는데 지켜만 봐야 한다니! 생각만 해도 답답한 일이에요.

한자 성어 더 보기

유의어	계무소출(計無所出), 백약무효(百藥無效)
반의어	급중생지(急中生智)

조선 수군에 속수무책 당한 일본군

임진왜란을 일으킨 일본은 순식간에 한반도를 점령했어요. 하지만 바다에서 연달아 지자 더 많은 군사로 조선의 수군과 싸우기로 마음먹었지요. 수많은 배가 조선 수군을 공격하려고 출발했어요. 그에 맞서는 조선 수군의 배는 겨우 다섯 척뿐이 아니겠어요? 크게 기뻐한 일본군은 배 다섯 척을 쫓아갔어요. 일본군의 배가 한산도의 암초가 많고 좁은 견내량 지역에 들어선 순간! 멀리서 둥둥둥, 북소리가 울렸어요. 그리고 거북선을 포함한 조선 수군의 배가 나타났답니다. 조선 수군은 재빠르게 학익진을 펼쳤어요. 학이 날개를 펼친 듯한 반원 모양으로 일본군의 배를 둘러싸자 일본군은 속수무책으로 당하고 말았답니다.

시기상조 時機尚早

時 때 시 **機** 틀 기 **尙** 오히려 상 **早** 이를 조

아직 어떤 일을 진행하기에 적당한 때가 아니다.

때를 기다릴 수 있는 인내심을 기르자.

언제 쓰일까?

컵라면에 수프를 넣고 뜨거운 물을 붓고. 인내심 있게 3분을 기다려야 해요. 배고프다고 빨리 먹으면 딱딱한 면을 먹고 말 거예요. 면이 충분히 익기에는 시기상조니까요.

한자 성어 더 보기

반의어 시기상응(時機相應), 시의적절(時宜適切)

시기에 관한 한자 성어

- **만시지탄**(晩時之歎) : 시기가 늦어 기회를 놓친 것을 슬퍼하다.
- **후시지탄**(後時之嘆) : 때늦은 한탄.

이제는 슬로 푸드!

우리가 즐겨 먹는 치킨이나 피자, 햄버거는 대표적인 '패스트 푸드(Fast Food)'예요. 우리말로 '빠른 음식'이라는 뜻이지요. 패스트 푸드는 간단하게 조리해서 빨리 먹을 수 있다는 장점이 있어요. 그러나 열량과 염분이 높아 건강에는 좋지 않답니다. 패스트 푸드를 너무 즐겨 먹으면 비만이 될 수도 있고요. 최근에는 '슬로 푸드(Slow Food)'가 주목받고 있어요. 슬로 푸드는 '느린 음식'이라는 뜻처럼 조리 시간이 오래 걸려요. 그만큼 영양분이 살아 있는 건강한 음식이랍니다. 더불어 각 나라의 전통이 깃들어 있기도 하고요. 우리나라의 대표 슬로 푸드는 죽이에요. 패스트 푸드 대신에 건강하고 여유로운 슬로 푸드는 어때요?

시종일관 始終一貫

始 비로소 시　終 마칠 종　一 한 일　貫 꿸 관

처음부터 끝까지 변함없이 한결같다.

언제 쓰일까?

변함없는 태도를 보일 때 쓸 수 있는 말이에요. 시종일관 고개를 저으며 피망 먹기를 거부하는 것처럼요. 하지만 편식은 시종일관 하지 않는 게 더 좋겠지요?

한자 성어 더 보기

유의어	수미일관(首尾一貫), 초지일관(初志一貫)
반의어	용두사미(龍頭蛇尾)

시종일관 푸른 소나무

"남산 위에 저 소나무 철갑을 두른 듯 바람서리 불변함은 우리 기상일세."
애국가에 나오는 소나무는 우리나라를 대표하는 나무예요. 우리 조상들은 변함없이 푸른 소나무가 더러운 것을 정화하고 귀신을 쫓아준다고 생각했어요. 아이가 태어나면 소나무로 만든 줄을 대문에 걸었고 결혼식 장식도 소나무로 만들었지요. 심지어 장례식의 관도 소나무로 만들었답니다. 지금까지도 소나무는 한국인이 가장 좋아하는 나무 1위예요. 정말 일편단심 소나무 사랑이 잘 드러나지요!

심사숙고 深思熟考

深 깊을 심 思 생각 사 熟 익을 숙 考 생각할 고

깊이 생각하고 또 생각하다.

숙고는 곰곰이 생각한다는 뜻이야.

언제 쓰일까?

"내일은 어떤 옷을 입을까?", "어디에서 누구와 놀까?" 우리는 하루에도 몇 번씩 결정해요. 특히 중요한 결정을 할 때면 여러 번 심사숙고하지요.

한자 성어 더 보기

유의어	삼사이행(三思而行), 심사숙려(深思熟慮)
반의어	경거망동(輕擧妄動)

생각에 관한 한자 성어

- **무사무려**(無思無慮) : 아무 생각이나 걱정이 없다.
- **불가사의**(不可思議) : 생각으로 헤아릴 수 없는 이상한 일.

심사숙고 직업 1순위 대통령

반의 대표가 회장이라면 나라의 대표는 대통령이에요. 대통령은 어떤 일을 하는 사람일까요? 국민이 직접 뽑은 대통령은 나라를 대표하여 국제회의나 조약 체결과 같은 외교 활동을 해요. 또 군대를 이끄는 가장 높은 사람이기도 해요. 그 외에도 공무원을 임명하고 나라를 이끌어 갈 회의를 진행하는 등 중요한 일들을 많이 해요. 수많은 국민이 사는 나라를 강하고 살기 좋게 하려면 작은 것부터 큰 것까지 심사숙고해야겠지요.

십중팔구 十中八九

十 열 십　中 가운데 중　八 여덟 팔　九 아홉 구

열 번 가운데 여덟이나 아홉 번이 해당할 만큼 대부분.

언제 쓰일까?

열 번 가운데 여덟, 아홉 번이면 대부분이 해당하네요. 선생님께 칭찬 듣기를 싫어하는 친구는 없겠지요? 십중팔구 좋아하듯 말이에요.

한자 성어 더 보기

유의어	십상팔구(十常八九)
반의어	구우일모(九牛一毛)

다수에 관한 한자 성어

- 종다수결(從多數決) : 많은 사람이 지지하는 의견으로 정하다.
- 중과부적(衆寡不敵) : 적은 수로 많은 수에 맞서지 못하다.

대부분을 나타내는 숫자 9

십중팔구라는 말처럼 9는 대부분을 뜻하는 숫자로 쓰여요. 순도 99% 금, 초콜릿 99%처럼 우리 생활에서도 찾아볼 수 있지요. 그런데 왜 100%가 아닌 99로 나타낼까요? 정말 순도가 100%가 아니라서 99라고 쓰기도 하지만 순도 100%는 절대 나올 수 없거든요. 순도는 우리 눈은 물론 현미경으로도 볼 수 없는 원자를 기준으로 해요. 순도 100%는 모두 똑같은 원자가 모여 이루어졌다는 뜻이에요. 하지만 시간이 지날수록 순수했던 물질에 다른 물질이 섞이기 마련이에요. 이로 인해 100%가 아닌 99%, 99.8% 등으로 쓰는 것이랍니다.

아전인수 我田引水

我 나 아 田 밭 전 引 끌 인 水 물 수

다른 사람은 신경 쓰지 않고 자기 욕심만 차리는 모습.

언제 쓰일까?

자신의 이익만을 생각하는 사람에게 쓸 수 있는 말이에요. 음료수가 그렇게나 많이 있는데 다른 친구의 음료수를 굳이 뺏어 마시는 친구에게 아전인수가 따로 없다고 말할 수 있겠지요?

한자 성어 더 보기

유의어	견강부회(牽强附會)
반의어	역지사지(易地思之)

밭에 관한 한자 성어

- **과전불납리**(瓜田不納履) : 의심받을 행동을 하지 않다.
- **상전벽해**(桑田碧海) : 밭이 바다가 될 만큼 세상이 바뀌다.

논에서 나온 아전인수

논농사를 지을 때는 많은 물이 필요해요. 그래서 가뭄이 들면 농사를 망치는 일이 허다했어요. 자기 논만은 살리고 싶었던 어떤 사람들은 남의 논에서 물을 몰래 빼 가곤 했답니다. 부지런한 농부가 논에 물을 채우면 약삭빠른 다른 농부가 밤에 몰래 그 물을 빼 자신의 논에 대는 것이었지요. 날이 밝으면 어땠냐고요? 큰소리가 오가며 싸움이 벌어지기 일쑤였어요. 아전인수는 여기에서 온 말이랍니다.

애지중지 愛之重之

愛 사랑 애　之 갈 지　重 무거울 중　之 갈 지

사람이나 물건을 매우 아끼고 소중히 여기다.

중(重)은 무겁다는 뜻도 있어.

언제 쓰일까?

물건이나 사람을 소중하게 다룬다는 뜻이에요. 애지중지하던 책이 망가지면 너무 속상하겠지요? 책은 별로 애지중지 여기지 않는다고요? 거짓말!

한자 성어 더 보기

유의어	금지옥엽(金枝玉葉), 애지석지(愛之惜之)
반의어	대안지화(對岸之火)

애지중지해야 할 500원?

동전을 자세히 관찰해 본 적 있나요? 동전 뒤의 윗부분을 보면 동전이 만들어진 연도가 있어요. 많은 동전 가운데 1998년에 만들어진 500원은 상당한 가치가 있답니다. 다 같은 500원인데 무슨 소리냐고요? 500원은 매년 8000만 개 정도 만들어져요. 그런데 1998년에 만들어진 500원은 겨우 8000개밖에 없답니다. 1998년은 우리나라가 외환 위기를 겪은 시기라 500원짜리 동전을 조금만 만들었다고 해요. 그래서 1998년도 500원은 그냥 500원이 아니랍니다. 혹시 여러분의 저금통에 1998년도 500원이 있는지 찾아보세요.

엄동설한 嚴冬雪寒

嚴 엄할 엄　冬 겨울 동　雪 눈 설　寒 찰 한

눈이 많이 내리는 겨울의 심한 추위.

찰 한(寒)은 추운 집에서 떠는 사람을 본뜬 글자야.

언제 쓰일까?

횡횡, 눈보라가 매섭게 휘몰아치는 날은 집에서 꼼짝하기 싫어요. 엄동설한인 날에 밖에 나가면 손발이 꽁꽁 얼 것만 같다고요.

한자 성어 더 보기

유의어	동빙한설(凍氷寒雪), 북풍한설(北風寒雪), 삼동설한(三冬雪寒), 융동설한(隆冬雪寒)
반의어	삼복염천(三伏炎天), 삼복증염(三伏蒸炎)

엄동설한을 막아 주는 온돌

추운 겨울, 뜨끈한 방바닥에 엎드려 까먹는 귤은 제맛이지요? 온돌은 방바닥을 따뜻하게 해 주는 우리 고유의 과학적인 난방 방식이에요. 서양의 벽난로는 방의 일부를 따뜻하게 하지만 온기가 오래가지 않는다는 단점이 있어요. 이와 달리 온돌은 방 전체를 오랫동안 따뜻하게 할 수 있답니다. 난방뿐만 아니라 요리도 할 수 있다고 해요!

연탄 보일러는 온돌 난방법을 이용했대!

우왕좌왕 右往左往

右 오른쪽 우 往 갈 왕 左 왼쪽 좌 往 갈 왕

이쪽으로 저쪽으로 갈팡질팡하는 모습.

언제 쓰일까?

주말에 무얼 하고 놀까요? 영화도 보고 싶고 게임도 하고 싶고 즐기고 싶은 게 너무 많다고요? 우왕좌왕은 이렇게 결정하지 못해 이리저리 왔다 갔다 한다는 뜻이에요.

한자 성어 더 보기

유의어	좌고우면(左顧右眄), 지동지서(指東指西)
반의어	일도양단(一刀兩斷), 쾌도난마(快刀亂麻)

우왕좌왕이 다 나쁜 건 아니야!

어느 날 황희의 집에서 하인 둘이 다투었어요. 한 하인이 황희 정승에게 달려가 억울함을 이야기했어요. 이를 들은 황희는 "네가 옳구나."라며 위로했어요. 잠시 뒤 다른 하인도 자신의 사정을 이야기했어요. 황희는 "너도 옳구나."라고 대꾸했지요. 이를 지켜본 부인은 누가 잘못했는지 판단해 줘야 한다고 했어요. 그런데 황희는 부인의 말도 옳다고 하지 않겠어요? 그의 모습은 결단성이 부족해 보이지만 누구의 편도 들지 않아 싸움이 커지는 일을 막았답니다.

우유부단 優柔不斷

優 넉넉할 우 **柔** 부드러울 유 **不** 아닐 부 **斷** 끊을 단

마음이 부드러워 결단을 내리지 못하다.

큰 결정에는 큰 결심이 필요해.

언제 쓰일까?

단호하게 결정해야 하는데 다른 사람이 상처받거나 상황이 나빠질까 걱정스러워요. 이렇게 망설이기만 하고 결정하지 못할 때 우유부단이라는 말을 써요.

한자 성어 더 보기

유의어 수서양단(首鼠兩端)

단단함에 관한 한자 성어

- **견여금석**(堅如金石) : 맺은 약속이나 맹세가 단단하다.
- **토강여유**(吐剛茹柔) : 강하고 단단한 사람은 두려워하고 약하고 무른 사람은 깔보다.

햄릿에서 나온 우유부단한 증후군

셰익스피어의 작품 <햄릿>에 이런 대사가 나와요.
"죽느냐 사느냐. 그것이 문제로다."
세월이 지나고 우리는 이런 고민을 해요.
"햄버거냐 치킨이냐, 그것이 문제로다."
햄릿 증후군은 선택이 어려워 결정을 뒤로 미루거나 다른 사람에게 결정을 맡겨 버리는 현상이에요. 진짜 병은 아니어도 결정을 내리지 못한다는 것은 분명 힘든 일이지요. 확실하게 결정하려면 선택지를 서서히 줄여 보세요.

이구동성 異口同聲

異 다를 이　口 입 구　同 한가지 동　聲 소리 성

여러 사람이 같은 이야기를 하다.

언제 쓰일까?

같은 생각을 하면 같은 말이 나와요. 이구동성은 다른 사람들이 같은 이야기를 할 때 쓰는 말이에요. 나와 내 친구는 같은 생각과 마음을 가지고 있을까요? 확인해 보세요.

한자 성어 더 보기

| 유의어 | 여출일구(如出一口), 이체동심(異體同心) |

단결에 관한 한자 성어
- 대동단결(大同團結) : 모든 사람이 한마음으로 뭉치다.
- 만장일치(滿場一致) : 모두의 뜻이 같다.

우리는 천생연분! 이구동성 게임

이구동성 게임은 친구와 내가 얼마나 통하는지 알 수 있는 놀이예요. 먼저 한 사람이 질문해요. 그리고 "하나, 둘, 셋!" 하고 숫자를 센 뒤에 친구와 함께 대답하는 규칙이 있어요.
"좋아하는 색은? 하나, 둘, 셋!"
"초록색!"
친구도 이구동성으로 초록색을 외쳤다면 나와 친구는 천생연분이네요.

이실직고 以實直告

以 써 이　實 열매 실　直 곧을 직　告 고할 고

사실을 알리다.

언제 쓰일까?

이실직고는 있는 사실을 그대로 말한다는 뜻이에요. 영화에 자주 등장하는 말이지요.
"네놈의 죄를 이실직고하지 않으면 풀어 주지 않겠다!"

한자 성어 더 보기

| 유의어 | 실진무휘(實陣無諱), 이실고지(以實告之), 자초지종(自初至終), 종실직고(從實直告) |

거짓에 관한 한자 성어

- 기세도명(欺世盜名) : 사람을 속이고 명예를 탐하다.
- 허전장령(虛傳將令) : 윗사람의 명령을 거짓으로 꾸미다.

이실직고할 수밖에 없는 거짓말 탐지기

경찰이 범인을 잡았어요. 그런데 범인이 범죄 사실을 계속 잡아떼지 뭐예요? 이럴 때 쓰는 특별한 기계가 있어요. 바로 '거짓말 탐지기'예요. 거짓말 탐지기를 이용하면 범인이 거짓말하는지 알 수 있거든요. 사람이 거짓말할 때면 몸에서 특정한 반응이 일어나요. 땀을 흘리거나, 눈동자가 흔들리거나, 심장 박동이 빨라져요. 거짓말 탐지기는 이런 반응을 잡아낸답니다. 거짓말의 달인이라고 해도 거짓말 탐지기를 속이기는 어려울지도 몰라요.

인지상정 人之常情

人 사람 인 之 갈 지 常 항상 상 情 뜻 정

사람이라면 보편적으로 가지고 있는 정.

언제 쓰일까?

다친 동물을 보면 마음이 아파요. 이러한 감정은 배우거나 누군가가 시켜서 느끼는 게 아니에요. 사람들의 마음에서 자연스럽게 우러나지요. 이러한 감정을 인지상정이라고 해요.

한자 성어 더 보기

유의어 동병상련(同病相憐), 측은지심(惻隱之心)

착함에 관한 한자 성어

- **선인선과**(善因善果) : 선을 쌓으면 반드시 좋은 결과가 따른다.
- **종선여류**(從善如流) : 선을 지켜야 성공할 수 있다.

사람은 착할까, 악할까?

맹자가 이야기한 성선설은 인간이 착한 마음을 가지고 태어나 선하다고 말해요. 그래서 어려운 상황에 있는 사람을 보면 안타깝고 도와주고 싶은 감정을 느낀다고 하지요. 이와 달리 순자는 성악설을 이야기했어요. 성악설은 나쁜 마음을 가지고 태어나 악하다는 뜻이에요. 선함을 후에 가르치고 배워야 느낄 수 있는 것이라고 말이지요. 인간의 인지상정이라는 말을 보면 여러분은 성선설이 맞을 것 같나요, 성악설이 맞을 것 같나요?

일편단심 一片丹心

一 한 일 片 조각 편 丹 붉을 단 心 마음 심

절대 변하지 않는 마음.

'한 조각의 붉은 마음'이라는 뜻이야.

언제 쓰일까?

시간이 지나도 변하지 않는 마음을 뜻해요. 그만큼 진심으로 좋아한다는 것이겠지요? 여러분이 일편단심으로 좋아하는 것은 무엇인가요?

한자 성어 더 보기

| 유의어 | 비석지심(匪石之心) |
| 반의어 | 견리망의(見利忘義), 여세추이(與世推移) |

마음에 관한 한자 성어

- 각골명심(刻骨銘心) : 마음속 깊이 새겨 두다.

일편단심 정몽주 이야기

정몽주는 고려 말기의 신하예요. 고려가 힘을 잃고 무너져 가자 이성계는 새로운 나라 조선을 세우고 정몽주를 신하로 삼으려 했어요. 정몽주는 고려를 향한 충심을 시로 보이며 이성계의 제안을 거절했어요.

이 몸이 죽고 죽어 일백 번 고쳐 죽어
백골이 흙이 되어 넋이라도 있고 없고
나라를 향한 일편단심(一片丹心)이 가실 줄 있으랴?

정몽주는 이성계의 아들 이방원에게 죽임을 당했지만 일편단심은 길이 남았답니다.

자화자찬 自畵自讚

自 스스로 자 畵 그림 화 自 스스로 자 讚 기릴 찬

자신이 한 일을 자신이 칭찬하다.

내가 그린 그림을 내가 칭찬한다는 뜻이야.

언제 쓰일까?

자기 자신을 과하게 칭찬한다는 뜻이에요. 주로 자만한다는 부정적인 의미로 쓰여요. 자신을 칭찬하는 것은 좋지만 뭐든 지나치면 좋지 않으니까요.

한자 성어 더 보기

유의어	자고자대(自高自大), 자아도취(自我陶醉)
반의어	자격지심(自激之心)

그림에 관한 한자 성어

- 화중지병(畵中之餠) : 그림의 떡.
- 화호불성(畵虎不成) : 서툴게 남을 따라 하다가 실패하다.

자신을 사랑한 나르키소스

나르키소스는 《그리스 로마 신화》에 등장하는 인물이에요. 나르키소스는 외모가 뛰어난 청년이었어요. 자신에게 고백하는 많은 여인을 비웃으며 그 마음을 받아 주지 않았어요. 나르키소스에게 잔인하게 거절당한 한 여인은 그가 자신만큼 아프게 해 달라며 신에게 기도했어요. 이에 신은 나르키소스에게 저주를 내렸어요. 바로 자신과 사랑에 빠지는 저주였답니다. 나르키소스는 강에 비친 자신의 얼굴을 보고 사랑에 빠지고 말았어요. 하지만 물에 비친 자신은 닿을 수 없었지요. 나르키소스는 시름시름 앓다가 죽음을 맞이하고 말았답니다.

청렴결백 淸廉潔白

淸 맑을 청　廉 청렴할 렴　潔 깨끗할 결　白 흰 백

맑고 깨끗하여 재물에 욕심이 없는 사람.

탐관오리와는 반대지?

언제 쓰일까?

개인의 이익을 챙기기보다 나라를 위해 정직하게 일하는 사람을 비유하는 말이에요. 맑고 깨끗한 사람이라는 뜻이지요.

한자 성어 더 보기

유의어	공명정대(公明正大), 공평무사(公平無私), 대공무사(大公無私)
반의어	사리사욕(私利私慾)

청렴결백 조선 삼청 이야기

황희·맹사성·류관은 고려 말, 조선 초기의 '삼청(三淸)'으로 불렸던 대표적인 청백리였답니다. 이들은 옷차림도 검소했고 음식 또한 밥과 국, 나물이면 족하다고 여겼어요. 손님에게도 탁주 한 사발과 채소로만 대접했지요. 높은 벼슬을 지냈음에도 지붕이 뚫린 초가집에 살며 고위 관료들이 타고 다니던 가마도 없이 걸어 다니곤 했답니다.

칠전팔기 七顚八起

七 일곱 칠　顚 엎드러질 전　八 여덟 팔　起 일어날 기

일곱 번 넘어져도 여덟 번 일어나다.

실패는 성공의 어머니랬어.

언제 쓰일까?

여러 번 실패해도 굴하지 않고 도전한다는 뜻이에요. 조금만 더 하면 성공할 것 같은데 포기하기는 너무 아깝잖아요? 여러분도 정상에 도달할 때까지 도전을 멈추지 말아요.

한자 성어 더 보기

유의어	권토중래(捲土重來), 불요불굴(不撓不屈)
반의어	도중하차(途中下車), 자포자기(自暴自棄)

칠전팔기 할머니 이야기

우리나라에 도전 정신 하면 빼놓을 수 없는 할머니가 있어요. 차사준 할머니는 2005년부터 무려 5년 동안 960번이나 도전해 운전면허를 따셨어요. 정말 대단하지요? 왜 960번이나 도전했느냐는 질문에 할머니는 이렇게 대답하셨어요.
"중간에 포기하면 아무것도 아니기 때문에 그랬다우. 나이 많은 나도 배우고 시험에 합격하였잖우? 여러분도 무엇이든 배워서 도전하면 이룰 수 있어요."
포기하지 않는 차사준 할머니처럼 우리도 목표를 이루기 위해 끊임없이 도전하자고요!

풍비박산 風飛雹散

風 바람 풍 飛 날 비 雹 우박 박 散 흩을 산

부서져 사방으로 흩날리는 모습.

바람에 날리고 우박에 흩어진다는 뜻이야.

언제 쓰일까?

강한 바람이 휩쓸고 간 것처럼 큰 피해를 본 모습을 비유한 말이에요. 실제로 어질러진 모습을 보고도 쓰지만 정신적으로 황폐해졌을 때도 써요.

한자 성어 더 보기

유의어	풍류운산(風流雲散)
반의어	혼연일체(渾然一體)

바람에 관한 한자 성어

- 풍전등화(風前燈火) : 바람 앞의 등불처럼 매우 위급한 처지.
- 풍찬노숙(風餐露宿) : 매우 고생스러운 생활.

우박은 왜 내릴까?

혹시 우박을 본 적 있나요? 우박은 하늘에서 떨어지는 얼음덩어리예요. 이 우박이 쏟아진 곳은 여지없이 풍비박산이 되어 있어요. 우박은 주로 늦봄이나 초겨울에 볼 수 있어요. 우리나라에서는 5mm 크기의 우박이 주로 내려요. 작은 우박이 우산을 때릴 때는 '토도독, 토도독' 경쾌한 소리가 난답니다. 하지만 조심하세요. 유럽에는 무려 20cm나 되는 큰 우박이 내리기도 하니까요. 이렇게 큰 우박은 맞으면 위험해요. 그칠 때까지 안전한 곳에 있어야 해요.

희로애락 喜怒哀樂

喜 기쁠 희　怒 성낼 로　哀 슬플 애　樂 즐길 락

기쁨과 분노, 슬픔과 즐거움.

언제 쓰일까?

기쁨과 슬픔, 화와 즐거움을 포함한 사람의 모든 감정을 뜻해요. 여러 감정이 있기에 삶이 더 재미있는 것 아니겠어요?

한자 성어 더 보기

유의어	희비애환(喜悲哀歡)
반의어	심평기화(心平氣和)

감정에 관한 한자 성어

- **다정다감**(多情多感) : 정이 많고 감정이 풍부하다.
- **목석간장**(木石肝腸) : 나무나 돌처럼 아무런 감정이 없다.

감정이란 정말 신기해

옛날 사람들은 감정이 심장에서 나오는 줄 알았대요. 누군가를 좋아하거나 화가 나면 심장이 쿵쾅쿵쾅 뛰니까요. 과학이 발달하면서 사람들은 감정이 뇌에서 나온다는 사실을 알았어요. 뇌를 다친 사람의 성격이 달라지는 일이 있었거든요. 평소에는 온화하지만 뇌를 다치고 나서는 예민해지고 신경질적으로 바뀌었다고 해요. 그런데 과학자들은 뇌가 어떻게 감정을 만드는지 정확하게 알지 못한다고 해요. 사람의 희로애락이 어떻게 뇌에서 만들어지는지 여러분이 앞으로 연구해 보면 어떨까요?

유의어 및 반의어 뜻풀이

12쪽	가렴주구 : 세금을 지나치게 거두고 재물을 빼앗다.	
	태평성대 : 평화로운 세상.	
14쪽	교언영색 : 알랑거리는 말과 태도.	
	면종복배 : 겉으로는 따르는 체하면서 속으로는 배반하다.	
	양약고구 : 귀에 거슬리나 자신에게 이로운 말.	
	충언역이 : 충직한 말은 귀에 거슬린다.	
16쪽	개과자신 : 잘못과 허물을 고쳐 착해지다.	
	회과천선 : 잘못을 뉘우치고 착한 일을 하다.	
	자과부지 : 제 잘못을 알지 못하다.	
18쪽	각골난망 : 뼈에 새길 만큼 은혜를 잊지 않다.	
	백골난망 : 백골이 되어도 잊을 수 없다.	
	이덕보원 : 원수에 덕으로 보답하다.	
20쪽	방약무인 : 함부로 말하고 행동하다.	
	천방지축 : 허둥지둥 함부로 날뛰다.	
	소심익익 : 조심스럽고 겸손하다.	
22쪽	우과천청 : 비가 그치고 날씨가 개다.	
	흥진비래 : 즐거운 일이 다하면 슬픈 일이 온다.	
24쪽	교각살우 : 소의 뿔을 바로잡다 소를 죽이다.	
	교왕과직 : 굽은 것을 바로잡다 지나치게 곧게 한다.	
26쪽	기사회생 : 죽을 뻔하다 살아나다.	
	십생구사 : 열 번 살고 아홉 번 죽다.	
	안여반석, 안여태산 : 마음이 태산같이 든든하다.	
28쪽	계군고학 : 닭의 무리 가운데 한 마리 학.	
	백미 : 가장 뛰어난 사람이나 물건.	
	인중말말 : 사람들 중 행실이나 인품이 못난 사람.	
30쪽	사필귀정 : 모든 일은 반드시 바른길로 간다.	
	종두득두 : 콩을 심으면 반드시 콩이 나온다.	
32쪽	여호첨익 : 호랑이가 날개를 단 듯 큰일을 이루다.	
	병상첨병 : 앓는 중에 다른 병이 생기다.	
	전호후랑 : 앞에서 호랑이를 막으니 뒤로 이리가 들어오다.	
34쪽	경경불매 : 염려로 잠자지 못하다.	
	전전반측 : 잠을 이루지 못하다.	
	태연자약 : 어떤 충동을 받아도 아무렇지 않다.	
36쪽	다다익판 : 많으면 많을수록 더 잘 처리하다.	
	청심과욕 : 욕심이 적다.	
38쪽	능소능대 : 모든 일에 두루 능하다.	
	팔방미인 : 여러 면에서 능통한 사람.	
	천학비재 : 학문이 얕고 재주가 변변치 않다.	
40쪽	당랑지부 : 무모하게 덤비다.	
42쪽	마부작침 : 끊임없이 노력하면 이룰 수 있다.	
44쪽	양과분비 : 두 과부가 슬픔을 나누다.	
	각자도생 : 각자 살 방법을 찾다.	
46쪽	동상각몽 : 같이 행동하면서도 서로 딴생각하다.	
	동심동덕 : 같은 목표를 위해 마음을 합치다.	
	동주상구 : 같은 배를 탄 사람끼리 돕다.	
48쪽	대우탄금 : 어리석은 사람은 알려 줘도 알아듣지 못한다.	
50쪽	명불허득 : 명예나 명성은 그냥 얻지 못한다.	
	유명무실 : 이름만 그럴듯하고 실속이 없다.	
52쪽	문정약시 : 집에 드나드는 사람이 많다.	
	문전작라 : 힘이나 돈을 잃으면 찾는 사람이 드물어진다.	
54쪽	차신차의 : 믿기도 하고 의심하기도 하다.	
56쪽	백보천양 : 활 솜씨가 뛰어나다.	

일발필중 : 한 번 쏘아 반드시 맞히다.
무적방시 : 과녁 없이 화살을 쏘다.
58쪽 불원만리 : 만 리의 길도 멀다고 여기지 않다.
60쪽 만고풍상 : 오랜 세월 겪은 고생.
백전노장 : 온갖 싸움과 어려움을 겪은 사람.
62쪽 초려삼고 : 인재를 얻고자 참을성 있게 노력하다.
64쪽 새옹득실 : 한때의 복이 화가 될 수도 있고
한때의 화가 복이 될 수도 있다.
66쪽 독견지명 : 남이 보지 못하는 것이나 깨닫지
못하는 것을 깨닫다.
68쪽 첩첩산중 : 산들이 겹치고 겹친 산속.
70쪽 사소취대 : 작은 것을 버리고 큰 것을 갖다.
72쪽 시비곡직 : 옳고 그르고 굽고 곧다.
시비지심 : 옳고 그름을 가리는 마음.
왈가왈부 : 옳거니 옳지 않거니 말하다.
옥석혼효 : 좋은 것과 나쁜 것이 섞여 있다.
74쪽 동섬서홀 : 동쪽과 서쪽에서 나타났다 사라진다.
76쪽 동심합력 : 힘을 합치다.
상부상조 : 서로 돕다.
환난상휼 : 어려운 일이 생기면 서로 돕다.
78쪽 망자존대 : 생각 없이 잘난 체하다.
오만불손 : 태도가 거만하다.
대객지도 : 손님을 대하는 정성스러운 예의.
80쪽 견토지쟁, 전부지공 : 두 사람의 싸움에 제삼자가
이익을 보다.
간어제초, 경전하사 : 약자가 강자들 틈에서
괴로움을 겪다.
82쪽 추기급인 : 제 처지에 맞춰 다른 사람의 형편을
헤아리다.
84쪽 오매사복 : 자나 깨나 늘 생각하다.
학수고대 : 목을 빼고 간절히 기다리다.
선망후실 : 잘 잊어버리다.
86쪽 내강외유 : 겉은 부드럽지만 속은 굳세다.

외강내유 : 겉은 강해 보여도 속은 부드럽다.
88쪽 점입가경 : 갈수록 점점 재미가 있다.
90쪽 거일반삼 : 하나를 들어 셋을 돌이켜 알다.
92쪽 난명지안 : 변명하기 어려운 일.
훼장삼척 : 허물이 드러나 감출 수 없다.
자구지단 : 핑계로 내세울 거리.
94쪽 동기상구, 동성상응 : 같은 소리끼리 응하여 울린다.
화이부동 : 남과 잘 지내지만 무조건 어울리지 않다.
96쪽 득의만만, 득의만면 : 뜻한 바를 이루어 뽐내다.
지고기양 : 거만을 떨며 뽐내다.
의기소침 : 기운이 없고 풀이 죽다.
자격지심 : 자기가 한 일을 스스로 미흡하게 여기다.
자괴지심 : 스스로 부끄럽게 여기다.
100쪽 일거양득 : 한 가지 일로 두 가지 이익을 얻다.
일망타진 : 한 번 그물을 쳐서 고기를 다 잡다.
노이무공, 도로무공 : 애는 썼지만 보람이 없다.
102쪽 괄목상대 : 남의 학식이나 재주가 부쩍 늘다.
일진월보 : 나날이 발전하다.
강랑재진 : 뛰어났던 재능이 쇠퇴하다.
104쪽 수시응변, 임시응변 : 바뀌는 대로 맞추어 하다.
백년대계 : 앞날까지 보고 세우는 계획.
106쪽 자승자박 : 자기가 한 말과 행동으로 곤란해지다.
자작자수 : 자기가 저지른 죄를 돌려받다.
108쪽 대실소망 : 바라던 것이 허사가 되어 실망하다.
망연자실 : 멍하니 정신을 잃다.
망자비박 : 스스로를 지나치게 낮추다.
자강불식 : 힘써 몸과 마음을 쉬지 않다.

110쪽 초지일관 : 처음 세운 뜻을 밀고 나가다.
112쪽 주객전도 : 주인과 손님의 위치가 서로 뒤바뀌다.
114쪽 노심초사 : 애를 태우다.
       여리박빙 : 살얼음을 밟듯 아슬아슬하다.
       뇌락장렬 : 작은 일에 얽매이지 않고 씩씩하다.
116쪽 반화위복, 화전위복 : 재앙과 걱정이 바뀌어
                          복이 되다.
       호사다마 : 좋은 일에는 방해가 많다.
120쪽 죽마구우, 죽마지우 : 어릴 때부터 같이 놀며 자란 벗
122쪽 소향무적 : 대적할 사람이 없다.
       지적지아 : 적과 나의 사정을 자세히 알다.
       일패도지 : 져서 다시 일어날 수 없다.
124쪽 추고마비 : 하늘이 높고 말이 살찌다.
128쪽 감탄고토 : 달면 삼키고 쓰면 뱉다.
130쪽 세여파죽 : 대항할 적이 없다.
       요원지화 : 세력이 대단해 막을 수 없다.
       난공불락 : 쉽게 함락되지 않다.
       욕파불능 : 쳐부술 수가 없다.
132쪽 불철주야 : 쉴 새 없이 몰두하다.
       수불석권 : 책을 놓지 않고 글을 읽다.
       주경야독 : 어려운 환경에서도 꿋꿋이 공부하다.
136쪽 농교성졸 : 기교를 부리다 오히려 서툴러지다.
       화사첨족 : 쓸데없는 짓으로 잘못되게 하다.
140쪽 각인각색, 각인각양, 백인백색, 형형색색 : 저마다
                                              다르다.
142쪽 양시쌍비 : 양쪽 모두 이유가 있어 시비를
                 가리기 어렵다.
144쪽 견묘지간 : 개와 고양이처럼 좋지 못한 사이.
       빙탄지간 : 얼음과 숯처럼 맞지 않는 사이.
       관포지교 : 우정이 돈독한 관계.
       막역지우 : 허물없이 친한 친구.
146쪽 기세등등 : 기세가 높고 힘차다.
       호기만장 : 뽐내는 기세가 높다.

       노안비슬 : 비굴하게 알랑거리는 태도.
148쪽 내우외환 : 나라 안팎의 여러 어려움.
       다사다망 : 일이 많아 바쁘다.
       탄탄대로 : 어려움이 없이 순탄하다.
150쪽 고집불통 : 자기주장만 내세우는 일이나 사람.
       유아독존 : 자기만 잘났다고 뽐내는 태도.
152쪽 여민동락, 여민해락 : 임금이 백성과 함께 즐기다.
154쪽 문동답서 : 물음과는 전혀 다른 엉뚱한 대답.
       단도직입 : 요점이나 문제를 중심으로 말하다.
156쪽 난형난제 : 둘이 비슷해 낫고 못함을 정하기 어렵다.
       백중지세 : 우열을 가리기 힘들다.
       호각지세 : 힘이 비슷하다.
       천양지차 : 하늘과 땅 사이처럼 엄청난 차이.
158쪽 만사여의 : 모든 일이 뜻과 같다.
       입춘대길 : 입춘을 맞이해 좋은 운을 바라다.
       매사불성 : 하는 일마다 실패하다.
160쪽 무용장물 : 쓸모없는 물건.
       하로동선 : 여름의 화로와 겨울의 부채처럼
                  쓸모없다.
       무용지용 : 쓸모없는 것이 큰 도움이 되다.
162쪽 가가대소 : 소리를 내어 크게 웃다.
       파안대소 : 즐겁게 활짝 웃다.
       포복절도 : 배를 안고 넘어질 만큼 웃다.
164쪽 박람강기 : 여러 책을 많이 읽고 기억하다.
       박학다재 : 학식이 넓고 재주가 많다.
       이려측해 : 얕은 지식으로 이치를 헤아리려 하다.
166쪽 견리망의 : 이익을 보면 의리를 잊다.

인면수심 : 마음이나 행동이 몹시 흉악하다.
168쪽 사몽비몽 : 잠이 들지도 잠에서 깨어나지도 않은 상태.
170쪽 거재두량 : 물건이 많아서 귀하지 않다.
부지기수 : 헤아릴 수 없이 많다.
유일무이 : 오직 하나뿐이다.
172쪽 사리사복 : 개인의 욕심.
공명정대 : 일이나 태도가 바르고 떳떳하다.
선공후사 : 공적인 일을 먼저 하고 사적인 일은 미루다.
174쪽 안면부지 : 얼굴도 모르는 사람.
일면부지 : 만난 적이 없어 모르다.
176쪽 계무소출 : 온갖 방법으로도 해결 방법을 찾지 못하다.
백약무효 : 온갖 약으로도 효험이 없다.
급중생지 : 급한 때에 좋은 생각이 떠오르다.
178쪽 시기상응 : 시기와 기회가 서로 잘 맞다.
시의적절 : 당시의 사정에 딱 맞다.
180쪽 수미일관 : 처음부터 끝까지 한결같이 하다.
182쪽 삼사이행 : 세 번 생각한 뒤에 행동하다.
심사숙려 : 깊이 생각하다.
184쪽 십상팔구 : 거의 예외가 없다.
구우일모 : 많은 것 가운데 아주 적은 수.
188쪽 금지옥엽 : 금으로 된 가지와 옥으로 된 잎.
애지석지 : 소중히 아끼다.
대안지화 : 무엇에 무관심하다.
190쪽 동빙한설 : 심한 추위.
북풍한설 : 북쪽에서 불어오는 바람과 차가운 눈.
삼동설한 : 추운 겨울 석 달.
융동설한 : 겨울의 심한 추위.
삼복염천, 삼복증염 : 몹시 심한 더위.
192쪽 좌고우면 : 앞뒤를 재고 망설이다.
지동지서 : 딴것으로 이러쿵저러쿵하다.
일도양단 : 머뭇거리지 않고 정하다.

쾌도난마 : 복잡한 것을 명쾌하게 처리하다.
194쪽 수서양단 : 머뭇거리며 정하지 못하다.
196쪽 여출일구 : 여러 사람의 말이 같다.
이체동심 : 마음이 서로 맞다.
198쪽 실진무휘, 이실고지, 종실직고 : 사실대로 고하다.
자초지종 : 처음부터 끝까지의 사정.
200쪽 측은지심 : 불쌍히 여기는 마음.
202쪽 비석지심 : 어떤 일에도 바뀌지 않는 마음.
여세추이 : 바뀌는 세상에 따라 달라지다.
204쪽 자아도취 : 스스로에게 황홀하게 빠지다.
206쪽 대공무사 : 매우 공평하다.
208쪽 권토중래 : 한 번 실패했지만 다시 쳐들어오다.
불요불굴 : 일단 마음먹으면 굽히지 않다.
도중하차 : 중간에 그만두다.
210쪽 풍류운산 : 바람이 구름을 흩트리듯 흔적 없이 사라지다.
혼연일체 : 생각과 행동 등이 모두 하나 되다.
212쪽 희비애환 : 기쁨과 슬픔과 애처로움과 즐거움.
심평기화 : 평화롭고 조화로운 마음.

읽으면 톡톡 튀어나오는
이모티콘 고사성어

2021년 9월 8일 초판 발행 | 2024년 1월 15일 3쇄 발행

몽구 글 | 곤론 그림

펴낸이 김기옥 ● **펴낸곳** 봄나무 ● **아동 본부장** 박재성
편집 한수정 ● **디자인** 블루 ● **영업** 김선주, 서지운 ● **제작** 김형식 ● **지원** 고광현, 임민진
등록 제313-2004-50호(2004년 2월 25일) ● **주소** 121-839 서울시 마포구 양화로 11길 13(서교동, 강원빌딩 5층)

전화 02-325-6694 ● **팩스** 02-707-0198 ● **이메일** info@hansmedia.com
봄나무 블로그 https://blog.naver.com/bomnamu_books
봄나무 인스타그램 https://www.instagram.com/_bomnamu

도서주문 한즈미디어(주) 주소 121-839 서울시 마포구 양화로 11길 13(서교동, 강원빌딩 5층)
전화 02-707-0337 ● **팩스** 02-707-0198

© 몽구, 곤론 2021

ISBN 979-11-5613-168-7 73710

● 이 책 내용의 일부 또는 전부를 사용하려면 반드시 저작권자와 봄나무 양측의 동의를 얻어야 합니다.
● 책값은 뒤표지에 나와 있습니다.